Allenare la cono-scenza generale

Conversazione abile - come migliorare la sua conoscenza generale e irradiare più intelligenza e fiducia in se stesso.

Martin Grapengeter

CONTENUTI

Prefazione

Le è mai capitato di non riuscire a seguire una conversazione interessante? Ha avuto l'impressione che tutti gli altri intorno a lei stessero partecipando a un dibattito appassionante che lei poteva solo capire? Non è una bella sensazione e può portare a situazioni imbarazzanti in cui appare disinformato e sprovveduto. Se non sa quasi nulla del mondo, rimane rapidamente indietro nelle conversazioni e trova difficile formarsi un'opinione su argomenti socialmente rilevanti. In un mondo veloce e sempre più frenetico, spesso è difficile distinguere tra conoscenze importanti e non importanti e trovare le parole giuste. Tuttavia, non è così difficile acquisire importanti conoscenze generali in un lasso di tempo molto breve!

È esattamente ciò che voglio aiutarla con questo libro. Non ha tempo di sfogliare enormi enciclopedie o di passare ore a ricercare argomenti su Internet? Spesso non è sicuro che le sue fonti riflettano davvero i fatti in modo corretto e come può applicare le sue conoscenze? Allora la lettura di questa guida compatta alla conoscenza generale è la cosa giusta per lei! Invece di spiegazioni complicate e di pagine e pagine di cifre e dati, può aspettarsi sezioni informative e di facile comprensione su argomenti rilevanti di un'ampia gamma di settori.

Come probabilmente avrà già capito dall'indice, le presento una conoscenza generale compatta e strutturata dall'inizio della storia dell'umanità fino ai giorni nostri. Dal progresso storico alle conquiste scientifiche, dalle conoscenze linguistiche alla politica e alla cultura, apprenderà gli aspetti essenziali di un'ampia gamma di argomenti, in modo da arricchire efficacemente il suo bagaglio di conoscenze al termine di questa lettura.

Tuttavia, prima di iniziare con il contenuto delle conoscenze, le spiegherò vari metodi di apprendimento e la loro efficacia, in modo che possa davvero conservare le conoscenze acquisite a lungo termine. Potrà poi mettere alla prova le sue conoscenze generali con un test per scoprire quanto sa già e in quali aree ha ancora grandi lacune. E poi potrà iniziare a imparare! Oltre agli articoli informativi, le verranno fornite anche fonti aggiuntive che potrà utilizzare per approfondire singoli argomenti che ritiene particolarmente interessanti.

Spero che le piaccia leggere e imparare!

Perché la conoscenza generale?

La conoscenza è potere - questo noto detto è più di una semplice frase filosofica. Una buona formazione generale porta vantaggi in quasi tutti i settori della vita e spesso è il biglietto per discussioni entusiasmanti e opportunità inimmaginabili. In un'epoca in cui è possibile cercare su Google qualsiasi cosa in pochi secondi, è davvero necessaria una conoscenza generale? Sbagliato! Gli esperti sono convinti che una buona conoscenza generale sia più importante oggi che mai. Internet ci ha reso più comodi sotto molti aspetti. Abbiamo l'opportunità di acquisire nuove conoscenze in qualsiasi momento e in qualsiasi luogo, ma purtroppo raramente sfruttiamo questa opportunità. Conserviamo meglio nella nostra testa le conoscenze generali apprese attivamente e siamo più propensi ad applicarle nella vita quotidiana.

Quando si tratta di carriera, la conoscenza generale è un doppio vantaggio. Da un lato, molti test di reclutamento e di candidatura includono sempre questionari che richiedono la sua conoscenza generale. Dopo tutto, una certa conoscenza di base della storia, della geografia, del galateo, ecc. è essenziale in molte professioni. D'altra parte, le sue conoscenze la aiuteranno ad avere conversazioni migliori e più produttive con colleghi e superiori. Se è convincente nelle conversazioni con il suo capo, ad esempio discutendo di eventi politici attuali o di nuove innovazioni tecniche, il suo interlocutore si renderà conto che lei è ben informato su ciò che accade nel mondo. Automaticamente lei irradia un ampio interesse, competenza e affidabilità. Questo potrebbe convincere il suo superiore che lei sarebbe adatto per un nuovo progetto come project manager o che potrebbe assumere un altro ruolo importante.

Può anche guadagnare punti agli eventi privati e nelle conversazioni di tutti i giorni con molte

conoscenze generali. Naturalmente, non deve fare il saputello e infastidire gli altri con fatti inutili. Tuttavia,
le informazioni interessanti possono sempre essere un
buon inizio di conversazione e/o far riflettere e parlare
le persone intorno a lei. Non solo le persone che già
conosce si interesseranno a lei e la vedranno come una
fonte di nuove idee, ma potrà anche creare nuovi contatti più rapidamente.

Uno degli incentivi più importanti per una buona
formazione generale è quello di aumentare la fiducia in
se stessi. Se comprende il contesto che sta dietro a
nuove informazioni e fatti, le sarà molto più facile contestualizzare gli eventi e prendere decisioni migliori.
Non si lascerà influenzare dalle dichiarazioni controverse e dalle opinioni, ma conoscerà i fatti e sarà in
grado di formarsi una propria opinione logica. Se qualcuno le chiede il suo punto di vista, potrà dare una risposta sicura e fondata.

Con una buona conoscenza generale, è anche
meno difficile ammettere di non sapere qualcosa.
Nessuno al mondo sa davvero tutto e questo non è un
male. Se si trova di fronte a un argomento di cui non
sa molto, può semplicemente dire: "Al momento non
sono sufficientemente informato su questo argomento
per poter esprimere un'opinione definitiva".

In questa situazione, non deve assolutamente vergognarsi, perché sa di avere un bagaglio di conoscenze e quindi la base migliore per familiarizzare gradualmente con l'ignoto. Le persone intorno a lei la ammireranno per la sua onestà e capiranno che non si limita a tirare fuori un'opinione dal naso.

Un altro grande aspetto della conoscenza: Una volta accumulata, di solito si moltiplica continuamente. La conoscenza che si acquisisce su molte cose diverse porta a sua volta a nuove conoscenze e a nuove intuizioni. Quindi, imparando, allarga costantemente i suoi orizzonti, conosce nuove prospettive, ripensa le vecchie opinioni, arriva più rapidamente alle sue convinzioni e si sviluppa costantemente.

L'aumento delle conoscenze ha anche altri effetti collaterali pratici. Con il tempo, imparerà a memorizzare meglio fatti e cifre. Riesce ad afferrare più facilmente argomenti e testi complicati e complessi e a classificarli correttamente, è più tenace e creativo quando risolve i problemi. Impara a separare le cose importanti da quelle non importanti e a sfruttare al massimo la sua capacità cerebrale, per così dire. Quindi ci sono solo vantaggi!

Conoscenza generale = istruzione generale?

In primo luogo, dobbiamo chiarire la differenza tra conoscenza generale e istruzione generale. Questi termini non possono essere utilizzati in modo intercambiabile. L'educazione generale in sé è un processo complesso che dipende da una serie di fattori. L'istruzione permette di applicare le conoscenze in modo sensato, di sviluppare nuove idee e di selezionare le informazioni in modo sensato. Fa quindi parte di noi stessi, non può più esserci tolta, per così dire, e determina anche la nostra personalità in una certa misura. Si sviluppa a partire dall'infanzia e determina le nostre capacità cognitive e la nostra immaginazione.

La conoscenza generale, invece, si riferisce semplicemente alla conoscenza stessa, ossia a fatti, cifre e dati. Costituisce la base su cui si fonda la nostra educazione generale. Senza la conoscenza generale, ossia ciò che dobbiamo assolutamente sapere sul mondo, non possiamo educarci o applicare la conoscenza nella vita reale. Le conoscenze generali possono essere testate e non dipendono da noi come individui, come l'istruzione generale, che è diversa per tutti. La capacità di apprendimento, la specializzazione, lo sviluppo di nuove idee, l'integrazione di aspetti etici e morali nel proprio bagaglio di conoscenze sono difficili da tracciare con precisione e sono individuali. La conoscenza generale, invece, è immutabile e differisce da persona a persona, soprattutto nel senso che alcuni ne hanno di più e altri di meno.

La conoscenza generale è quindi una conoscenza più fattuale, che in linea di principio chiunque può acquisire. Naturalmente, può farlo in modo rapido e completo con il libro che sta leggendo! A parte questo, ci sono altri modi per incorporare la conoscenza generale nella sua vita quotidiana e imparare costantemente cose nuove.

I portali di notizie sono particolarmente importanti, in quanto la tengono aggiornata sugli eventi mondiali attuali. Se è interessato ad un argomento specifico, l'ideale sono le riviste specializzate, i reportage e i documentari che presentano l'argomento in modo completo e divertente. Anche i programmi di quiz in TV o i portali di conoscenza su Internet sono divertenti e le faranno venire voglia di passarci delle ore. Anche le applicazioni di quiz che può utilizzare ovunque per imparare in movimento sono molto pratiche. Poi, naturalmente, ci sono i classici libri di saggistica su argomenti specifici o le enciclopedie online che riassumono fatti importanti.

Quindi può vedere che può migliorare costantemente la sua conoscenza generale e quindi la sua formazione generale in molti modi! Questo libro è sicuramente un buon punto di partenza.

Crescita della conoscenza - veloce ed efficiente

Ora conosce la differenza tra istruzione generale e conoscenza generale. Ma come si può imparare in modo efficiente, in modo da ricordare tutti i fatti e le circostanze importanti a lungo termine? Fondamentalmente, esistono diversi tipi di studenti. Forse si è già reso conto che scrivere riassunti non la aiuta affatto, ma può ricordare bene le cose se legge tre volte ad alta voce la pagina di un libro - o viceversa! Potrebbe essere necessario un po' di tempo per scoprire quale sia il metodo migliore per lei.

In questo capitolo, le presenterò una serie di tecniche di apprendimento che hanno dimostrato scientificamente di portare a una crescita rapida ed efficiente della conoscenza. Purtroppo, spesso ci viene insegnato solo ciò che dobbiamo assolutamente imparare nella nostra vita, ma non come dobbiamo imparare correttamente. Se applica regolarmente alcune di queste tecniche e le incorpora nella sua "routine di apprendimento", si renderà rapidamente conto che le conoscenze accumulate diventano davvero radicate in lei e che può facilmente richiamarle più volte. Sebbene le tecniche di apprendimento non siano cure miracolose, possono essere utilizzate a qualsiasi età e migliorare le capacità cognitive.

TECNICHE DI APPRENDIMENTO

Leggi

La lettura è di solito il primo e più importante passo per acquisire nuove conoscenze. Cerchi di capire come può assorbire i messaggi più importanti di un testo. La cosa migliore è iniziare a sfogliare il testo una volta, per avere un'idea di cosa si tratta esattamente. In seguito, sarà più concentrato e attento nella seconda lettura. Contrassegnerà i passaggi importanti come fatti, cifre o principi evidenziati e si renderà conto di quali passaggi non contengono messaggi essenziali per lei. Può quindi riassumere il testo con parole sue o almeno annotare i punti chiave importanti.

La lettura attenta è generalmente importante, sia che si tratti di riviste, libri o articoli di blog. Se legge molto, automaticamente amplia il suo vocabolario, diventa più eloquente, più sicuro in termini di grammatica, più empatico e più persistente. Riuscire a concentrarsi a lungo su un testo senza divagare è un'abilità incredibilmente preziosa e può essere esercitata attivamente.

Comprensione

Naturalmente, tutta questa lettura non le servirà a nulla se non capisce quello che ha davanti. Pertanto, si ponga sempre la domanda: lo capisco davvero? Si renda conto di alcuni punti che non ha ancora compreso appieno e cerchi attivamente le risposte. Solo se capisce bene qualcosa, sarà in grado di memorizzarlo e applicarlo. Cerchi le parole straniere che non le sono familiari e ricerchi i termini di cui non è sicuro del significato. Nella migliore delle ipotesi, consulti diverse fonti, non solo per essere sicuro della legittimità della spiegazione, ma anche per comprendere meglio i fatti attraverso diversi approcci. Una volta capito qualcosa di difficile, è meglio annotarlo da qualche parte, in modo da poterci tornare in seguito.

Visualizzare

La visualizzazione del materiale di apprendimento sollecita diverse aree del cervello e aumenta drasticamente la probabilità che lei conservi le conoscenze a lungo termine. Un tipo di visualizzazione è la mappatura mentale. Con questo metodo, scrive l'argomento che sta studiando su un foglio bianco e lo cerchia. Poi scrive diversi sotto-argomenti intorno all'argomento principale, che fungono da rami più grandi da cui può aggiungere ulteriori livelli strutturali. In questo modo, può andare sempre più in profondità e visualizzare la rete di argomenti. Questa tecnica funziona benissimo anche per il brainstorming. Se vuole registrare ciò che già sa su un argomento prima di iniziare la ricerca, può annotare i suoi pensieri e le sue idee in una mappa mentale e poi aggiungere gradualmente sempre più informazioni. Metta una mappa mentale importante in un posto ben visibile, in modo da poterla rivedere più volte e memorizzare l'immagine.

Discutere

Discutere un argomento aiuta anche a memorizzare le conoscenze. Ripete ciò che ha imparato con parole sue e lo spiega o lo fa spiegare a qualcun altro. Si impegna attivamente e vocalmente con le conoscenze, approfondisce alcuni aspetti o categorizza i fatti in un contesto più ampio. Se poi si scambiano opinioni diverse e si apportano altre informazioni alla discussione, si ricordano cose importanti e si impara qualcosa di nuovo. Le discussioni particolarmente lunghe e intense aiutano a collegare le conoscenze con i ricordi della conversazione e ad immagazzinare le informazioni nella memoria a lungo termine. Ma anche un breve scambio con un'altra persona ha un effetto positivo sull'apprendimento.

Ripetere

La ripetizione è un elemento particolarmente importante dell'apprendimento. Quando le conoscenze vengono ripetutamente richiamate e attivate, si consolidano continuamente nella nostra mente. La ripetizione rafforza le connessioni delle reti neurali nel cervello, dove vengono memorizzate le informazioni. Tuttavia, è importante che non si limiti a leggere ostinatamente un testo più e più volte. Soprattutto, deve ripetere le conoscenze con attenzione e concentrazione. È meglio ripetere le informazioni ad alta voce, perché le persone prestano automaticamente più attenzione alla propria voce. Può anche creare delle flashcard per le informazioni e ripeterle più volte.

Gli scienziati hanno scoperto che l'apprendimento a tappe è la forma migliore di ripetizione. L'"effetto spaziatura" descrive il fatto che l'apprendimento in un periodo di tempo più lungo ottiene risultati migliori rispetto all'apprendimento a breve termine in massa. Quindi, invece di imparare una volta all'ora, dovrebbe incorporare episodi di apprendimento di 15 minuti nella sua routine quotidiana. Lasci riposare ciò che ha imparato e poi lo ripeta regolarmente per ridurre la curva di dimenticanza. In questo modo, le conoscenze rimarranno nella sua memoria a lungo termine.

Cambio di posizione

Con il cosiddetto metodo loci, si utilizza l'ambiente circostante per memorizzare meglio le cose. Durante una passeggiata di apprendimento, dove è comunque più attivo grazie al movimento costante e all'aria fresca, può collegare determinati luoghi alle informazioni. Ancorerà mentalmente i fatti alle panchine del parco o ai semafori, ad esempio, ai quali passa frequentemente nella migliore delle ipotesi, e quindi li ricorderà automaticamente. Cambiare luogo è generalmente importante quando si impara. Se rimane seduto sul divano o alla scrivania per ore e ore mentre assorbe o ripete le nozioni, la sua concentrazione finirà per diminuire. Allora è il momento di cambiare il luogo di apprendimento. Se impara in un caffè o in un parco, ad esempio, collegherà le informazioni a questa esperienza e consoliderà le conoscenze.

Metodo Cornell

Il Metodo Cornell è stato sviluppato negli anni '40 ed è un sistema per prendere appunti che la aiuta a prendere appunti efficienti in modo rapido. Quindi, se sta guardando un documentario, leggendo un articolo o vuole prendere appunti in un'altra occasione, questo metodo è utile. Nella parte superiore dell'appunto c'è il nome dell'argomento. Sotto, sul lato sinistro, crea una colonna fino in fondo, destinata alle domande. Qui scriverà le domande che rimangono senza risposta o i termini che desidera consultare di nuovo durante l'apprendimento. Il lato destro, più grande, è destinato agli appunti. La regola qui è: sia breve e semplice! Non scriva lunghe frasi, ma solo punti essenziali. In fondo alla pagina, c'è una riga per un riassunto delle informazioni registrate sulla pagina. Questa struttura chiara le offre una buona visione d'insieme di ciò che ha appreso e può facilmente consultarla in seguito.

Ponti mnemonici

La tecnica mnemonica classica è il ponte mnemonico. Probabilmente conosce frasi come "Mai lavarsi senza sapone" (lettere iniziali della sequenza dei punti cardinali) o "Mio padre mi spiega il cielo notturno ogni domenica" (sequenza dei pianeti del sistema solare da Mercurio a Nettuno). Le frasi memorabili con le stesse lettere iniziali dei termini da memorizzare vengono ricordate rapidamente e sono sorprendentemente facili da consolidare. Rime come "Chi scrive 'cioè' con la h è stupido" sono altrettanto efficaci. Naturalmente, i dispositivi mnemonici creati da lei stesso sono i più efficaci. Il modo migliore per farlo è pensare a una storia, per quanto assurda, e collegarla alle informazioni nella sua mente. Stimolando la creatività, le aree del cervello si attivano in modo particolare e lei conserva ancora meglio ciò che ha imparato.

MEMORIZZARE NUMERI E DATE

Molte persone trovano particolarmente difficile memorizzare numeri e date. Poiché si tratta di simboli astratti, è più difficile per noi creare connessioni emotive rispetto alle parole e non emerge un'immagine chiara nella nostra mente. Ecco perché il modo migliore per memorizzare i numeri è associarli a immagini.

Il sistema numerico-formale è adatto per memorizzare numeri e date. Qui, ad ogni numero da 0 a 9 viene assegnata un'immagine o un simbolo. La cosa migliore è scegliere oggetti che ricordino la forma del rispettivo numero e che possano essere facilmente associati ad esso. Un uovo è quindi adatto al numero 0, un'ascia per l'1, un cigno per il 2, un triciclo per il 3, un trifoglio fortunato per il 4, una mano per il 5, dei dadi per il 6, un fischietto per il 7, una clessidra per l'8 e dei birilli per il 9. L'ideale è pensare ad oggetti che ricordino la forma del rispettivo numero e che possano essere facilmente associati ad esso. Idealmente, dovrebbe pensare lei stesso ai simboli per i numeri. E come si memorizza una combinazione di numeri? Mette insieme le immagini per formare una storia, simile al principio dei dispositivi mnemonici. Ad esempio, se deve memorizzare la combinazione 8104, la storia potrebbe essere questa: Non appena la clessidra si esaurisce, l'ascia cade sull'uovo, che si riversa su un quadrifoglio. A prima vista, si tratta di un'assurdità, ma è sorprendentemente facile da ricordare.

Vuole saperne di più sull'apprendimento? Qui può trovare altri consigli utili:

Metzig, Werner e Martin Schuster: *Imparare a imparare: usare le strategie di apprendimento in modo efficace*

Beck, Henning: *Il nuovo apprendimento: significa comprensione*

Guida alle tecniche di apprendimento.com

Il grande test: quanta conoscenza generale ho?

Sa qual è la sua conoscenza generale? Può scoprirlo in questo test! Ci sono cinque domande di aree diverse per ogni sezione della scala di conoscenza. Pensi ad una risposta per ogni domanda e la scriva. Probabilmente sarà in grado di rispondere alle prime domande senza problemi, ma le cose si faranno sempre più difficili! Naturalmente, non le è consentito cercare le risposte. Troverà le risposte alla fine di questo libro. Riceve due punti per ogni risposta corretta. Utilizzando la scala, potrà quindi riconoscere quanto è sviluppata la sua conoscenza generale e in quali aree è particolarmente debole o già esperto. Si diverta!

Scala di conoscenza	**Domande**
0 - 9 Senza speranza	1. Qual è la capitale della Germania? 2. Quando è avvenuta la riunificazione tedesca? 3. Chi ha scritto "Faust"? 4. Qual è l'organo umano più grande? 5. Quanti Stati federali ha la Germania?
10 - 20 Non sa nulla	6. Quante meraviglie del mondo ci sono? 7. Quando è avvenuto l'allunaggio? 8. Le balene sono pesci o mammiferi? 9. Chi ha dipinto la Monna Lisa? 10. Chi è considerato il padre della teoria dell'evoluzione?
20 - 30 Mezzo istruito	11. Come si chiama la capitale della Norvegia? 12. Quale sistema economico ha la Repubblica Federale di Germania?

13. Qual è l'animale più veloce sulla terraferma?

14. Quando è stato introdotto l'euro?

15. Quanti reni ha normalmente una persona?

30 - 40
Peggio del

media

16. Come si chiamava il primo satellite nello spazio?

17. Qual è il simbolo dei Giochi Olimpici?

18. Quando finì la Prima Guerra Mondiale?

19. Chi ha inventato la stampa tipografica?

20. In quale città viveva il detective Sherlock Holmes?

40 - 50
In media

21. Quando Cristoforo Colombo scoprì l'America?

22. Qual è il colore complementare del giallo?

23. Qual è la capitale dell'Australia?

24. Quante volte la Germania è stata campione del mondo di calcio?

25. Chi è stato il secondo Cancelliere della Germania? (FRG)

<table>
<tr><td>50 - 60
Ben informato</td><td>26. Quando è stato lanciato il primo iPhone?
27. Chi ha scritto "Il vecchio e il mare"?
28. Quante ossa ci sono nel corpo umano (adulto)?
29. Quale strumento misura lo scuotimento di un terremoto?
30. Quale regista ha realizzato il primo film di "Star Wars"?</td></tr>
<tr><td>60 - 70
Istruito</td><td>31. Come si chiama la capitale della Repubblica dell'Azerbaigian?
32. Chi ha composto l'opera "Carmen"?
33. Quanti pianeti ha il nostro sistema solare?
34. Quale attore è stato il primo a interpretare James Bond?
35. Di cosa è fatto il diamante?</td></tr>
</table>

70 - 80	36. Qual è l'elemento più leggero della tavola periodica?
Panta-	
loni in-	37. Quanto è alto il Monte Bianco?
telli-	38. Quanti tasti ha un pianoforte?
genti	39. Di che colore sono gli arcobaleni in alto?
	40. Chi ha scritto "1984"?

80 - 90	41. Dove si sono svolte le Olimpiadi invernali del 1994?
Esperto	42. Quanti dischi intervertebrali ci sono nella colonna vertebrale umana?
	43. Quanto è lunga la Grande Muraglia cinese?
	44. Quale cancelliere tedesco ha ricevuto il Premio Nobel per la Pace?
	45. Quale sovrano tedesco fu soprannominato "il Grande"?

| 90 - 100 | 46. Quanto tempo impiega la Stazione Spaziale Internazionale (ISS) per orbitare intorno alla Terra una volta? |
| Einstein | |

47. Quanto è lungo il fiume Niger?

48. Qual è il numero atomico del rame nella tavola periodica degli elementi?

49. A quanti fusi orari appartiene la Russia?

50. Quale numero viene utilizzato per etichettare i titoli?

La grande conoscenza generale

Età della pietra

L'Età della Pietra è il periodo che va da circa 2,5 milioni al 2.000 a.C.. Si divide in tre periodi: il Paleolitico, il Mesolitico e il Neolitico. In questa prima epoca della storia umana, il pianeta subì molti cambiamenti climatici, gli animali e la vegetazione si adattarono alle circostanze o si estinsero. Nel frattempo, si sviluppò una specie che avrebbe cambiato il mondo come nessun'altra prima di lei: l'uomo.

I primi esseri simili all'uomo

La culla dell'uomo si trova in Africa. L'australopiteco, un ulteriore sviluppo delle grandi scimmie, viveva qui

2 milioni di anni fa. Era già più intelligente e con una struttura diversa rispetto ai suoi antenati. L'evoluzione dell'umanità ha il suo punto di partenza decisivo qui.

Il primo scheletro conosciuto di un pre-umano è stato trovato in Etiopia nel 1974, è alto solo un metro ed è stato soprannominato Lucy. Le 47 ossa dell'individuo hanno un'età di 3,2 milioni di anni e dimostrano che le prime creature simili all'uomo avevano già un'andatura eretta. I primi esseri umani come Lucy erano diffusi in gran parte dell'Africa orientale, prima di scomparire o di evolversi a causa dei cambiamenti climatici. Anche se dopo la scoperta di Lucy sono stati ritrovati altri scheletri antichi, come "Ardi" dall'Etiopia o "Litte Foot" dal Sudafrica, Lucy è ancora considerata il punto di riferimento per le ossa umane fossilizzate ritrovate.

Fasi dello sviluppo umano

Circa 1,9 milioni di anni fa, iniziò l'era dell'Homo erectus. La sua mascella è pronunciata, è più grande e fortemente costruita. Gli scheletri dell'Homo erectus sono stati ritrovati soprattutto in Sud e Nord Africa e nel Sud-Est asiatico. È la prima specie umana a stabilirsi al di fuori dell'Africa. Oltre all'andatura eretta, le lunghe gambe, che a differenza dei loro antenati erano più lunghe delle braccia, permettevano loro di percorrere lunghe distanze - gli esseri umani non erano più creature della giungla. L'Homo erectus è anche diventato sempre più socializzato. Cacciare, proteggere e vivere insieme ha reso necessario lo sviluppo di un linguaggio sempre più complesso e di una stretta cooperazione.

Questa specie umana si è estinta circa 50.000 anni fa, rendendo l'Homo erectus l'ominide più longevo. Il motivo della sua scomparsa fu probabilmente il cambiamento del clima, al quale il nostro antenato non fu in grado di adattarsi. Ci sono persino ricercatori che sostengono che fosse semplicemente troppo ignorante o troppo pigro per adattarsi alle mutate condizioni ambientali. I reperti fossili hanno dimostrato che l'Homo erectus preferiva seguire la strada più comoda e si sforzava poco di progredire, ad esempio nella produzione di utensili.

Nonostante questo, o forse proprio per questo, l'Homo erectus si è evoluto nell'ultima specie vivente del genere Homo, l'Homo sapiens. Gli esseri umani di oggi sono ancora relativamente giovani in termini di storia geologica, essendo apparsi solo 200.000 anni fa. Hanno un cervello di grandi dimensioni, possono usare il corpo in modo flessibile e si sono diffusi in tutto il mondo attraverso ponti terrestri tra i continenti. Homo sapiens si traduce come "uomo saggio". Sebbene la scissione della specie che ha dato origine ai nostri parenti più stretti, gli scimpanzé, sia avvenuta cinque milioni di anni fa, il nostro patrimonio genetico differisce da quello degli scimpanzé solo dell'1%. Ciò che ha reso i primi individui della nostra specie così 'moderni' è stato soprattutto il loro comportamento: come utilizzavano le risorse, come strutturavano i loro insediamenti, come apparivano le loro gerarchie sociali e quali opere d'arte producevano, come i gioielli speciali per il corpo.

Gli uomini di Neanderthal

I Neanderthal, infatti, non sono i nostri antenati diretti, ma solo parenti degli esseri umani moderni che si sono evoluti parallelamente e indipendentemente da loro. Provengono dal genere Homo erectus e quindi condividono un antenato africano comune con Homo sapiens. Per molto tempo, i Neanderthal sono stati considerati una sottocategoria primitiva della specie umana, ma in realtà fabbricavano un'ampia varietà di utensili ed erano molto sociali.

Nonostante le loro incredibili capacità di sopravvivenza, i Neanderthal si estinsero 40.000 anni fa, quando l'Homo sapiens arrivò in Europa dall'Africa. I ricercatori sono ancora perplessi su questa misteriosa estinzione, poiché è proprio in questo periodo che la popolazione di Neanderthal era al suo massimo, secondo le scoperte archeologiche. Ciò che è certo è che anche i Neanderthal soffrirono dei cambiamenti ambientali e, a differenza dell'Homo sapiens, tendevano a formare piccoli gruppi, il che era svantaggioso.

Primi strumenti

Da quando l'uomo è stato in grado di camminare in posizione eretta e di usare le mani, ha costruito utensili. L'utensile più antico dell'umanità è l'ascia a mano, che viene tagliata da pietre dure di selce. L'ascia a mano viene utilizzata per costruire lance per la caccia, poiché anche il legno è un materiale importante. Lo strumento più importante, tuttavia, è il fuoco. Garantisce calore nella fredda Europa centrale, sicurezza e pasti più nutrienti. Perché la carne cotta è più facile da digerire, non contiene batteri e contribuisce allo sviluppo del cervello. Il camino più antico risale a circa 400.000 anni fa. Utilizzando gli strumenti dei nostri parenti, è facile riconoscere ciò che ancora oggi abbiamo in comune con loro: la volontà di creare e utilizzare cose nuove e la creatività e l'immaginazione necessarie per farlo.

Cacciatori e raccoglitori

La caccia e la raccolta sono la base economica dei nostri antenati. La loro dipendenza dalla natura è enorme, poiché la loro intera sopravvivenza dipende da essa. Le persone vivevano in piccoli gruppi e dividevano il lavoro tra loro. Mentre le donne, i bambini e gli anziani sono responsabili della raccolta di frutta, radici e piccoli animali, gli uomini di solito vanno a caccia di selvaggina in gruppo. Con l'aiuto di lance e trappole, possono persino uccidere grandi mammut, mentre i pesci vengono catturati con gli arpioni. Da qualche anno, la dieta degli uomini dell'Età della Pietra è popolare anche in epoca moderna.

La cosiddetta dieta Paleo consiste principalmente in frutta, verdura, erbe, noci, carne e pesce, e in genere evita gli alimenti elaborati o prodotti dall'uomo. In questo modo si eliminano gli additivi e lo zucchero, il che ha un effetto positivo sull'organismo. Tuttavia, può essere difficile attenersi a questo cambiamento alimentare, in quanto non è facile trovare alimenti non trasformati come la carne e il pesce selvatici o la frutta selvatica nel mondo di oggi.

Vita nomade

La vita da cacciatore-raccoglitore rendeva necessario essere costantemente in movimento. Gli uomini del Paleolitico percorrevano lunghe distanze per seguire le mandrie di animali e garantire così un approvvigionamento costante di carne, oppure per raccogliere le scorte di piante e il combustibile. Anche i cambiamenti climatici, come i periodi di freddo e caldo estremo, hanno portato le persone a migrare attraverso i continenti. La migrazione ha anche il vantaggio di far incontrare le persone con altri gruppi e di scambiare materiale genetico.

L'era glaciale

L'ultima grande era glaciale è iniziata circa 115.000 anni fa ed è terminata circa 10.000 anni fa. In quel periodo, la Terra era in media sei gradi più fredda di oggi, si formò un gran numero di ghiacciai e, al suo apice, il 32% della superficie terrestre era coperta di ghiaccio. Oggi, questo vale solo per circa il 10%. A causa del forte e continuo riscaldamento dopo l'Era Glaciale, specie come il mammut, l'orso delle caverne e la tigre dai denti a sciabola si estinsero perché non furono in grado di adattarsi abbastanza rapidamente. Gli esseri umani sono più flessibili in questo senso; approfittano del

clima caldo. Tra l'altro, in una certa misura, oggi viviamo ancora in un'era glaciale. Tale era è caratterizzata
dal fatto che ci sono chiare fluttuazioni tra fasi più fre-
dde e più calde. Un periodo freddo è un'era glaciale
come quella iniziata 115.000 anni fa. Attualmente, ci
troviamo in un periodo caldo dell'era glaciale.

Progresso agricolo

Nel corso dei millenni, gli esseri umani cambiano fisi-
camente - diventano più alti, più robusti, più abili - e
ottimizzano le loro condizioni di vita. Il progresso ag-
ricolo è molto importante, in quanto pone fine al va-
gabondaggio irrequieto attraverso i continenti.

I primi rami dei clan

Con la fine dell'Era Glaciale e l'inizio del Neolitico, intorno al 9500 a.C., la vita dei nostri antenati è cambiata
e hanno iniziato a stabilirsi. Durante la cosiddetta Rivoluzione Neolitica, le loro condizioni di vita cambiarono radicalmente. Le colture e gli animali addomes-
ticati ora forniscono loro cibo quasi tutto l'anno, l'ecce-
denza porta a una forte crescita della popolazione e i
piccoli clan diventano grandi comunità. E avviene
un'altra rivoluzione: Le relazioni tra le persone diventano più esclusive e la monogamia prende gradualmente piede, un concetto a cui le persone non

pensavano prima della rivoluzione neolitica. Grazie alla proprietà della terra e alla costruzione di abitazioni più stabili, la successione gioca un ruolo sempre più importante, uomini e donne vogliono mantenere viva la propria discendenza insieme. Inoltre, il rischio di malattie sessualmente trasmissibili è molto più basso nelle relazioni tra due persone e quindi anche il rischio di morire o diventare sterili. Questa rivoluzione sessuale prende piede nella maggior parte dei nostri antenati.

Prima l'agricoltura

I nomadi diventano sedentari, i cacciatori-raccoglitori si trasformano in agricoltori. Secondo i ricercatori, il grano e l'orzo sono stati coltivati durante la rivoluzione neolitica come una delle prime colture nella 'Mezzaluna Fertile', un'area che si estende dalla Palestina attraverso la Siria fino alla Persia. A quel tempo, si era già svolto un processo di selezione in cui le persone scoprivano quali piante selvatiche potevano essere trasformate in colture e come farlo. La vita di tutti i membri della comunità è sempre più organizzata in base alle stagioni e alla costruzione di capanne protettive. La ritrovata sicurezza e l'alimentazione più sana

contribuiscono in modo significativo all'ulteriore sviluppo delle comunità.

Primo allevamento di bestiame

Nonostante la nuova sedentarietà, le persone continuavano a cacciare molto, ma presto si specializzarono
nell'allevamento. Per almeno 8500 anni, hanno incluso
il latte degli animali nella loro dieta, fornendosi così
una varietà di proteine. L'allevamento di bovini, maiali
e capre e la loro macellazione quando necessario hanno
facilitato l'accesso a una carne sana, ma lo stretto contatto con gli animali ha anche dato origine a nuove malattie. Infatti, nonostante l'allevamento di bestiame, i
nostri antenati stanno passando sempre più a una dieta
a base vegetale. I ricercatori ipotizzano che ciò abbia
comportato un minore assorbimento di vitamina D,
che ha fatto sì che i geni responsabili della pelle chiara
prevalessero negli europei, originariamente di pelle
scura.

Civiltà avanzate

Le civiltà avanzate sono ordini sociali che presentano
un certo grado di complessità. Gli studiosi non sono
sempre d'accordo su quali civiltà storiche apparten-
gano o meno a questa categoria. Ciò che è certo,
tuttavia, è che intorno al 4.000 a.C. ci fu un'impennata

nello sviluppo della civiltà umana, durante la quale emersero civiltà avanzate quasi ovunque nel mondo.

La prima civiltà in Egitto

L'Antico Egitto, con i suoi 3.000 anni di storia, è una delle prime e sicuramente più riuscite civiltà avanzate. Molte straordinarie conquiste e leggi del Paese sul Nilo fanno dell'Egitto una sorta di prototipo di civiltà avanzata. Ad esempio, gli egiziani hanno un sistema legale sofisticato, un esercito stabile per conquistare oltre i confini del Paese e un gran numero di funzionari pubblici. L'autorità suprema era sempre il faraone, che governava il Paese come unico sovrano e sacerdote supremo ed era venerato come un dio. Scribi e amministratori assicuravano l'ordine nello Stato, l'infrastruttura era altamente sviluppata con sistemi di irrigazione, vie di trasporto e tecniche di costruzione adattate al paesaggio, e gli antichi Egizi avevano anche molto da offrire in termini di medicina e guarigione. Hanno plasmato la civiltà odierna soprattutto attraverso la loro lingua e le numerose invenzioni nei campi della matematica, dell'architettura, dell'astronomia e della geometria. Allo stesso tempo, sono stati tra i primi a riflettere sulla propria esistenza e ad affrontare le questioni filosofiche.

Impero babilonese

La Mesopotamia è considerata la "culla della civiltà", un'area del Vicino Oriente che ha ospitato diversi popoli nel corso della storia. La Babilonia si trova nel sud dell'odierno Iraq e si è sviluppata in una civiltà avanzata nel corso del IV millennio a.C.. La città di Uruk costituisce il centro dell'impero babilonese ed è caratterizzata da enormi templi ed edifici imponenti. Come gli Egizi, gli abitanti della città svilupparono sistemi di scrittura e di pagamento per gestire la terra e i beni. Fu creata la prima scrittura cuneiforme, che in seguito si sviluppò nella nostra scrittura europea. Il sovrano più famoso di Babilonia è Hammurapi I, re per 43 anni e noto per una delle prime raccolte di leggi. In questo "Codex Hammurapi", vengono registrate le leggi civili, penali e amministrative. Le sentenze legali si basano principalmente sul principio "occhio per occhio, dente per dente" e sono di conseguenza brutali. Dopo Hammurapi, l'Impero Babilonese crollò a causa delle tensioni tra diverse città-stato e fu conquistato dagli Ittiti dell'Asia Minore intorno al 1595 a.C..

Civiltà micenea

La civiltà micenea, probabilmente la prima del suo genere sulla terraferma europea, appartiene al primo periodo della Grecia. Tra il 1600 e il 1200 a.C., questa civiltà avanzata si diffuse in tutta la Grecia e produsse una grande quantità di manufatti, scritti e architettura. Molti dei piccoli regni e principati del Paese commerciavano tra loro, ma le merci venivano scambiate anche con la Siria, l'Egitto e altri Paesi. Mentre la maggior parte della popolazione viveva di agricoltura e allevamento e doveva pagare alcune tasse, i governanti indipendenti e le classi superiori possedevano palazzi e mestieri prestigiosi. I Micenei padroneggiavano anche l'arte della guerra: alcuni dei loro castelli avevano mura con un diametro di 7 metri e scontri frequenti. Furono proprio queste guerre a ispirare Omero e a spingerlo a scrivere degli 'Achei'.

Non è ancora chiaro perché questa fiorente civiltà sia caduta dopo soli 400 anni. Le guerre interne e i disastri naturali sono considerati probabili, ma non c'è ancora una spiegazione definitiva.

Antichità

L'antichità ha dato origine anche a due civiltà avanzate che hanno plasmato in modo significativo la nostra civiltà europea: l'Antica Grecia e l'Impero Romano. Le innovazioni, le leggi e le conquiste artistiche di queste civiltà continuano a influenzare il nostro attuale ordine sociale e hanno cambiato significativamente il corso della storia.

Antica Grecia

Il periodo dell'Antica Grecia è datato tra il 1600 a.C. e il 27 a.C.. Sulla costa del Mediterraneo orientale emersero città-stato indipendenti, che spesso si combattevano tra loro, ma che rimanevano unite dalla loro fede in un mondo complesso di divinità e leggende condivise. Gli dei dell'Olimpo, che governavano i mortali sulla terra, svolgevano un ruolo importante per i Greci. Praticamente nessuna decisione importante viene presa senza consultarli e ci devono sempre essere sacrifici rituali durante le feste.

Gli antichi Greci hanno dato forma alla scienza e, soprattutto, alla cultura che apprezziamo oggi. Progettarono le prime mappe del mondo con longitudine e latitudine e svilupparono il teatro su cui si basano tutte le opere drammatiche successive. Oltre a importanti opere di poesia, costruirono monumenti e sculture importanti, e allo stesso tempo produssero le prime storie e molte idee filosofiche. L'era dell'Ellenismo, o Grecia indipendente, terminò intorno al 27 a.C., quando il Paese fu definitivamente integrato nell'Impero Romano. Tuttavia, la cultura greca rimase intatta sotto Roma e fu molto apprezzata dagli stessi Romani.

Primi Giochi Olimpici

I primi Giochi Olimpici dell'antichità sono ben documentati grazie alla storiografia degli antichi Greci. Si svolsero a Olimpia nel 776 a.C. e furono celebrati ogni quattro anni come festa religiosa. Dal punto di vista politico e culturale, la festa dello sport è un evento enorme. Durante l'evento c'è una tregua e l'attenzione si concentra sulla competizione leale. Gli sport organizzati includono la corsa, la lotta, il pugilato, le corse dei carri e il pugilato. I giochi sono accompagnati da sacrifici e cerimonie religiose.

La democrazia ad Atene

Molte persone associano l'antica Atene soprattutto alle origini della democrazia. Intorno al 600 a.C., scoppiarono dei tumulti che portarono gli Ateniesi a partecipare alle assemblee popolari e al tribunale del popolo. Il funzionario Kleistene, che fondò il "Consiglio dei 500", che preparava le decisioni politiche, è considerato il fondatore della democrazia attica. La particolarità è che i membri del Consiglio sono scelti a sorte invece di essere eletti come in precedenza. Le donne e gli schiavi sono ancora esclusi dalla vita politica, ma gli uomini liberi possono partecipare attivamente alla politica per la prima volta. Questo ha aumentato la fiducia civica. Nei cosiddetti 'tribunali di coccio', le decisioni vengono effettivamente graffiate su cocci di argilla e poi raccolte per una votazione politica. Senza questa prima forma di democrazia nell'antica Atene, la politica di oggi sarebbe inimmaginabile.

Impero Romano

Secondo gli storici, l'Impero Romano fu fondato nel 753 a.C.. Il mito della fondazione di Roma si basa sulla storia di due gemelli, Romolo e Remo, discendenti del figlio del re Enea e allevati da una lupa prima che Romolo diventasse re della nuova città di Roma. L'antica Roma fu governata da re dal 753 al 509 a.C., la Repubblica Romana durò dal 509 al 27 a.C. e poi iniziò l'era imperiale. L'espansione da una piccola città-stato a un impero avvenne nel corso di secoli e si basò principalmente su Roma come metropoli altamente sviluppata. La città ospita templi e palazzi imponenti, il Colosseo con le sue numerose competizioni e spettacoli, le terme, un sistema stradale ben organizzato e un sistema fognario. La scienza e la filosofia stanno particolarmente a cuore ai ricchi patrizi, e spesso vengono tenuti discorsi e prodotti scritti nelle lingue ufficiali, il latino e il greco antico.

La legione romana, con le sue 30 legioni (una legione contava circa 6.000 uomini), costituiva una forte forza armata e permetteva all'impero di espandersi. Sotto l'imperatore Traiano (dal 57 al 117 d.C.), l'impero comprendeva terre su tre continenti per un totale di circa 5.000.000 km², dalla Gallia e dalla Britannia alle aree vicine al Mar Nero.

Repubblica Romana

Quando i Romani diedero al loro Stato il titolo di repubblica (in latino "res publica", la cosa pubblica) intorno al 500 a.C., naturalmente non avevano idea di una repubblica come la conosciamo oggi. I patrizi, proprietari terrieri aristocratici che amavano ostentare la loro fama, erano sempre al vertice. I plebei, cittadini comuni come agricoltori e artigiani, avevano diritti civili ma guadagnavano molto meno. In caso di guerra, dovevano comunque spostarsi, pagare le proprie armi e lasciare i propri campi e le proprie botteghe per lunghi periodi di tempo. Dopo le proteste, ottengono maggiore influenza politica e accesso alle cariche statali, ma l'avanzamento politico è ancora difficile per i cittadini comuni. Se si vuole raggiungere un'alta carica, bisogna essere un buon oratore e avere denaro e influenza.

Tuttavia, i plebei potevano tenere le proprie assemblee e porre il veto attraverso i tribuni del popolo, invocare leggi e diritti, sposarsi con i patrizi e persino approvare le leggi stesse nel 287 a.C.. Le donne e gli schiavi erano esclusi da tutte le discussioni politiche, anche se alcuni uomini apprezzavano i consigli delle loro mogli.

Assassinio di Cesare

Gaio Giulio Cesare è probabilmente lo statista romano più conosciuto oggi. Oltre alle sue ambizioni di trasformare la Repubblica Romana in una monocrazia e alla sua relazione con Cleopatra, è famoso soprattutto per il suo assassinio, che per secoli ha fornito materiale per poesie come il "Giulio Cesare" di Shakespeare. Il 15 marzo 44 a.C., Cesare fu assassinato a colpi di pugnale da diversi senatori, tra cui Marco Bruto, che Cesare vedeva in realtà come un alleato e un amico. L'omicidio di Cesare è considerato un tirannicidio, motivato dal malcontento politico e dalla paura che il governante potesse diventare ancora più potente.

Medioevo

Il periodo del Medioevo va dal VI al XV secolo. Inizia con la fine del Periodo delle Migrazioni e termina intorno all'epoca del Rinascimento. Il Medioevo viene suddiviso in Alto, Medioevo e Tardo Medioevo, in base all'idea di ascesa, massimo splendore e declino del periodo. Oggi, la categorizzazione è più differenziata e la transizione tra i periodi è più fluida.

Migrazione di popoli

Il termine "migrazione di popoli" si riferisce alla fuga delle tribù germaniche dal 375 al 568 d.C. circa. Il motivo fu l'invasione degli Unni dalla Mongolia, che fece sì che i Franchi, i Sassoni, i Turingi, i Goti, i Vandali e altre tribù germaniche lasciassero la loro patria e si spostassero nell'Europa meridionale, occidentale e centrale. Come risultato di questo sviluppo, l'Impero Romano divenne sempre più frammentato a causa della crescente indipendenza delle tribù. Si divise nell'Impero Romano d'Occidente, che infine crollò nel 476, e nell'Impero Romano d'Oriente, noto anche come Bisanzio, che durò fino al 1453.

Alto Medioevo

L'Alto Medioevo è l'epoca dei Merovingi e dei Carolingi, due dinastie regnanti che costruirono il loro potere sui resti dell'Impero Romano e insieme guidarono l'Impero Franco. Il periodo copre all'incirca i secoli dal 5° all'11°, durante i quali una piccola parte della società, il clero e la nobiltà, spesso viveva nella ricchezza, mentre il resto, che viveva di agricoltura, soffriva di povertà. I monasteri erano responsabili della cultura e dell'istruzione, mentre la Chiesa assumeva anche il potere statale in molte aree. Lo 'Stato' è composto da molte tribù, clan e comunità individuali. Una figura importante nell'Alto Medioevo fu Carlo Magno, Re dell'Impero dei Franchi. Oggi è giustamente considerato il 'Padre dell'Europa', perché dopo la disintegrazione dell'Impero franco intorno al 1300 d.C., la sua metà occidentale divenne la Francia e quella orientale il Sacro Romano Impero della Nazione tedesca.

Feudalesimo e feudalesimo

Nel Medioevo prevaleva il feudalesimo, un sistema politico in cui un re concedeva un feudo a un principe a vita. Questi vassalli della corona, a loro volta, concedevano terre e uffici ai sottovassalli, ossia cavalieri, abati e funzionari, in cambio di servizi ufficiali e militari. I sottovassalli poi concedevano terre e la loro protezione a persone dipendenti, contadini e servi che pagavano servizi e tributi ai loro vassalli. Questo sistema piramidale ha determinato la struttura della società fino al XVIII secolo.

Alto Medioevo

L'Alto Medioevo si estende dalla metà dell'XI secolo alla metà del XIII secolo ed è caratterizzato soprattutto dalla crescente urbanizzazione, dall'aumento della mobilità e dalla crescita della popolazione. L'economia monetaria acquistò importanza e l'artigianato fiorì, mentre allo stesso tempo si sviluppò una forma distinta di cultura cortese intorno al cavalierato. Questa gode di un'alta reputazione, che si riflette nella prima letteratura cortese e nel minnesong. La fondazione di scuole nell'Alto Medioevo portò a un miglioramento dell'istruzione per ampie fasce della popolazione, e la sicurezza legale e le organizzazioni politiche furono gradualmente stabilite per i cittadini.

Crociate

Le Crociate sono considerate guerre sante cristiane sancite dalla Chiesa. Per motivi economici, strategici e religiosi, i cavalieri si recarono in Oriente per combattere contro gli Stati musulmani e cristianizzarli. Le crociate sono anche conosciute come "pellegrinaggi armati". Nel 1099, i crociati conquistarono Gerusalemme e ci furono campagne in Medio Oriente fino al XV secolo.

Vita monastica

Dall'inizio del Medioevo, i monasteri sono diventati sempre più diffusi in Europa. Ciò che rende la vita in una comunità monastica così attraente è, soprattutto, la sicurezza. Secondo il motto "ora et labora", ossia "prega e lavora", i membri della comunità si lasciano alle spalle la vita mondana con i suoi piaceri scintillanti, ma anche tutte le difficoltà del mondo, per lavorare otto ore al giorno e pregare altrettanto a lungo. I monaci e le monache fanno voto di pietà e obbedienza assoluta, vivono in modo sicuro e possono dedicarsi a scienze come l'astronomia e la musica, oltre che alla lettura e alla scrittura.

Fondazione di città

L'Alto Medioevo è considerato il periodo d'oro delle città. Con l'aumento della popolazione e il commercio fiorente, nascono insediamenti e piccole città, soprattutto nelle vicinanze di chiese, monasteri e castelli. Le città che erano già state fondate, come Treviri e Magonza, presero vita; Colonia era una delle più grandi, con una popolazione di 40.000 abitanti. Oltre a nuove professioni, si svilupparono preziosi centri commerciali, che divennero sempre più significativi nel tempo. Parallelamente alla crescita urbana nel territorio dell'attuale Germania, sorsero città anche in altri Paesi, come la Francia e l'Italia, il che era positivo per il commercio. Ovunque, le persone erano attratte dalle città, che promettevano prosperità e sicurezza.

Tardo Medioevo

Il Tardo Medioevo va dalla metà del XIII secolo alla fine del XV secolo e segna l'ultimo periodo prima dell'era moderna. Questo periodo è stato caratterizzato da carestie ed epidemie, in particolare a causa della Piccola Era Glaciale, un periodo di freddo nel XIV secolo che ha portato a fallimenti dei raccolti. Ci sono ripetute guerre civili e il conflitto tra Francia e Inghilterra si conclude con la Guerra dei Cento Anni, dal 1337 al 1453. Allo stesso tempo, il tardo Medioevo è un periodo in cui i testi antichi vengono riscoperti e apprezzati e il progresso scientifico si fa strada.

Inquisizione

Il Medioevo è stato caratterizzato anche dalla crudele Inquisizione, durante la quale i dissidenti, i cosiddetti 'eretici', venivano perseguitati, torturati e uccisi. Gli inquisitori erano allo stesso tempo pubblici ministeri, difensori e giudici e avevano la benedizione della Chiesa. Il popolo, afflitto da carestie e malattie, spesso si denunciava a vicenda, la Chiesa distruggeva sistematicamente i gruppi eretici e persino all'inizio dell'era moderna agì contro un nuovo tipo di eresia, la scienza progressista. Solo con l'Illuminismo l'Inquisizione ebbe fine.

La morte nera

Tra il 1346 e il 1353, una delle epidemie di peste più devastanti della storia infuria in Europa, uccidendo circa 25 milioni di persone, un terzo della popolazione europea. Febbre e piaghe dolorose affliggono le persone colpite e nella maggior parte dei casi portano alla morte. Ma non è solo la malattia in sé a uccidere. Gli ebrei sono il capro espiatorio della peste, sebbene anche tra loro ci siano vittime della peste. Furono espulsi e uccisi in molti luoghi. Le persone del Medioevo non avevano alcun antidoto per la peste; trattavano le persone colpite dal 'castigo di Dio' con salassi, emetici o acqua di rose. Solo decenni dopo la prima grande ondata di peste nel Medioevo furono introdotti la quarantena e l'isolamento, e l'agente patogeno della peste fu identificato solo nel 1894 dal medico svizzero Alexandre Yersin.

La scoperta dell'America

La scoperta dell'America nel 1492 da parte di Cristoforo Colombo, che in realtà cercava una via commerciale per l'India, segnò la fine del Medioevo. Sebbene oggi i ricercatori siano certi che i Vichinghi guidati da Leif Eriksson avessero già messo piede sul suolo americano intorno all'anno 1000, Colombo è considerato lo scopritore del continente che portò prosperità e ricchezza agli europei nei secoli successivi. Per i nativi americani, invece, iniziò un periodo di oppressione, sfruttamento e distruzione.

Tempi moderni

L'era moderna sostituisce il Medioevo e si estende fino ai giorni nostri. Fin dal suo inizio, sconvolgimenti e nuove prospettive determinano il corso della storia umana. La visione del mondo e l'immagine che l'uomo aveva di se stesso sono state messe in discussione e le questioni filosofiche sono state affrontate in modo sempre più intenso. Si verificano rivoluzioni e

progressi tecnologici, mentre allo stesso tempo la popolazione povera e le popolazioni indigene dei Paesi
colonizzati soffrono in particolare per il crescente potere degli europei.

Rinascimento

Il Rinascimento è il segno di una nuova era, l'età moderna. Dopo i 'secoli bui', è emersa un'epoca culturale
che ha caratterizzato nuove idee, concetti e visioni nei
secoli XV e XVI. L'antichità greca e romana, le cui conquiste artistiche furono elogiate e imitate, si pose al
centro della scena. Filosofi come Socrate, Aristotele e
Platone furono studiati e venerati. Vennero create
nuove importanti opere di architettura, poesia e pittura, ammirate ancora oggi. I nobili e le persone istruite andavano in pellegrinaggio a Firenze, il centro del
Rinascimento, per lasciarsi ispirare dalla casa dei loro
idoli culturali.

Riforma

Nell'ottobre del 1517, Martin Lutero dà il via alla Riforma con le sue tesi. Egli è convinto che solo la Bibbia
debba essere la norma, non i decreti papali. Critica la
vendita di indulgenze praticata dalla Chiesa, che permetteva alle persone di acquistare l'assoluzione dai

loro peccati. Secondo lui, le persone non hanno bisogno della Chiesa o dei santi per parlare con Dio, ma possono comunicare direttamente con Dio. Alimentate dall'invenzione della stampa, le sue idee si diffusero rapidamente e innescarono un movimento di rinnovamento della Chiesa. Nasce il protestantesimo.

Guerra dei Trent'anni

Nel XVII secolo, una delle guerre religiose più lunghe e brutali si svolse sul suolo europeo. Nel maggio 1618, i cittadini protestanti gettarono i governatori reali dalla finestra in risposta alla soppressione della libertà religiosa da parte dei governanti cattolici (Defenestrazione di Praga). Ne seguì una guerra lunga decenni tra protestanti e cattolici in tutto il Sacro Romano Impero, già frammentato. La popolazione in particolare soffre, poiché gli eserciti in marcia attaccano città e villaggi, saccheggiando, uccidendo e violentando. Oltre quattro milioni di persone muoiono. La devastante guerra termina solo nel 1648.

Il clou della caccia alle streghe

Un altro male raggiunse il suo apice nel XVII secolo: la persecuzione delle streghe. Si stima che in Europa siano state giustiziate dalle 40.000 alle 60.000 streghe accuse, tra cui non solo donne ma anche uomini. La caccia alle streghe può essere ricondotta alla difficile situazione della popolazione e al fanatismo della Chiesa cattolica. I cattivi raccolti e la carestia alimentarono il malcontento e la disperazione della gente comune, che si rivolse con gratitudine ai 'liberatori'. L'inquisitore più famoso è Heinrich Kramer, che incita alle denunce, tortura e giustizia le presunte streghe. L'ultima sentenza di morte contro una strega fu emessa solo nel 1775.

Chiarimenti

L'Illuminismo voleva porre fine a questi orrori. Lo sviluppo iniziato nel 1700 enfatizzava il pensiero razionale e il progresso. Il leitmotiv del movimento proveniva da Immanuel Kant, che ammoniva le persone a usare il proprio intelletto e a sviluppare una personalità matura. I filosofi illuministi misero in discussione gli abusi, le guerre, la religione e le strutture sociali dell'epoca. Vengono scritti molti libri e scritti in cui si enfatizza la mente umana e la sua libertà, ma i poveri e le donne sono esclusi da queste teorie.

Rivoluzione francese

L'Illuminismo mise in discussione la legittimità di principi e re, motivo per cui molti contadini iniziarono a ribellarsi al sistema. Dal 1789 al 1799, la Francia è stata governata dalla Rivoluzione Francese, a seguito della quale il sistema feudale medievale è terminato e i privilegi del clero e della nobiltà sono stati in gran parte aboliti. Il re francese Luigi XVI viene giustiziato con la ghigliottina e il 17 agosto 1789, la neonata Assemblea Nazionale adotta la Dichiarazione dei Diritti dell'Uomo.

Imperialismo e colonialismo

Fino all'inizio del XX secolo, le nazioni industrializzate europee hanno lottato per la supremazia come potenze coloniali. Si spartiscono principalmente le regioni dell'Africa e dell'Asia per espandere i propri imperi, ottenere l'accesso a materie prime preziose e ottenere vantaggi strategici. Vengono combattute battaglie feroci per i territori non occupati. Sottomettere le élite e le popolazioni dominanti di questi Paesi di solito non è un grosso problema per la Gran Bretagna, la Germania, la Russia e altre potenze, in quanto sono economicamente, tecnologicamente e militarmente superiori. Il darwinismo sociale, il "diritto del più forte", viene citato come giustificazione per lo sfruttamento dei Paesi coloniali. Gli imperialisti si considerano una razza superiore e, in alcuni casi, sono obbligati ad occupare quelli che considerano Paesi sottosviluppati.

Commercio di schiavi

La colonizzazione ha contribuito in modo significativo al commercio degli schiavi, che si è sviluppato in un modello commerciale internazionale nel XVI e XVII secolo. Viene istituito il cosiddetto commercio triangolare. Le navi delle grandi potenze si recavano sulle coste dell'Africa occidentale con merci come tabacco, zucchero e alcol, scambiavano le merci con i capi tribù per gli schiavi e poi li portavano in America. Lì, gli schiavi venivano venduti sui mercati del Nuovo Mondo. I commercianti tornavano poi in Europa con le materie prime provenienti dalle colonie americane, come il caffè o il cotone. Questo commercio transatlantico continuò fino al 1870 circa, quando circa undici milioni di africani neri rapiti erano arrivati in America. Molti non sopravvissero alla crudeltà della traversata. Una volta arrivati in America, gli schiavi hanno dovuto affrontare lavori forzati e trattamenti disumani da parte dei proprietari bianchi.

Dichiarazione di Indipendenza degli Stati Uniti

Il 4 luglio 1776, a seguito della Guerra d'Indipendenza Americana, le tredici colonie del Nord America firmano la Dichiarazione d'Indipendenza degli Stati Uniti. Così facendo, si staccarono dalla madrepatria, la Gran Bretagna, che in precedenza aveva cercato disperatamente di tenere sotto controllo la propria colonia e, soprattutto, di sopprimerla con le tasse. Due questioni sono particolarmente enfatizzate nella Dichiarazione: il diritto di rivoluzione e i diritti individuali di ogni cittadino. Nel 1791, entrarono in vigore i primi dieci emendamenti, il Bill of Rights, a cui gli americani attribuiscono ancora oggi grande importanza. Tra le altre cose, essi proteggono la libertà di parola, il diritto di possedere e portare armi e la libertà di religione.

Rivoluzione tedesca

Infine, anche in Germania è arrivato il momento: scoppia una rivoluzione. La Rivoluzione tedesca, nota anche come Rivoluzione di marzo, ebbe luogo nel 1848 e cambiò il Paese per sempre. Soprattutto, i rivoluzionari chiesero la libertà di parola e di stampa, l'uguaglianza politica, un sistema giudiziario indipendente e la convocazione di un'assemblea nazionale. La nomina di governanti riformisti ha lo scopo di calmare il popolo, ma la popolazione di orientamento liberale in particolare non è soddisfatta di questo. Alla fine, il loro desiderio di uno Stato tedesco unificato non è stato esaudito, poiché i vecchi poteri sono tornati alla loro antica grandezza e hanno combattuto tutte le idee rivoluzionarie.

La rivoluzione fallì soprattutto perché gli interessi dei rivoluzionari erano troppo divergenti. Molti contadini, ad esempio, che hanno combattuto a lungo per la rivoluzione, sono stati soddisfatti quando la loro situazione economica è migliorata. Inoltre, non sono più interessati alla rivoluzione. Un passo avanti, tuttavia, è stato il catalogo dei diritti fondamentali, che stabiliva i diritti di base del popolo tedesco.

Fondazione del Reich tedesco

Solo pochi decenni dopo, nel 1871, venne fondato uno Stato nazionale, l'Impero tedesco. Dopo il fallimento della rivoluzione, il movimento nazionale tedesco riprese slancio e il desiderio di "unità, giustizia e libertà" rimase inalterato. A questo si aggiunse l'euforia che seguì le guerre di unificazione tedesca, la Guerra tedesco-danese del 1864 sui ducati di Schleswig e Holstein, la Guerra tedesca del 1866 sui territori di

Schleswig e Holstein e la Guerra franco-prussiana del 1870/71, tutte vinte dalla Prussia.

Poco dopo, gli Stati della Germania meridionale si uniscono alla Confederazione della Germania del Nord, dando vita alla Confederazione Tedesca o Impero Tedesco dopo i negoziati. Il Re prussiano Guglielmo I viene proclamato Imperatore il 18 gennaio 1871. Il tutto viene visto come una 'rivoluzione dall'alto', in quanto lo sviluppo è in gran parte istigato dai poteri del vecchio ordine e il popolo ha poca influenza. Paradossalmente, l'imperatore tedesco e i suoi principi mantengono le redini del potere, mentre la società diventa sempre più modernizzata e industrializzata. Tuttavia, c'è euforia quando gli Stati tedeschi sono finalmente uniti.

Guerra civile americana

Poco prima, ci fu un'altra rivolta negli Stati Uniti. La Guerra di Secessione, o Guerra Civile Americana, ebbe luogo dal 1861 al 1865 e fu il culmine dei conflitti tra gli Stati del Sud e del Nord. Al centro del conflitto c'erano le questioni relative all'unità della nazione e all'abolizione della schiavitù. Mentre gli Stati del Sud si affidavano all'economia agricola e ai quasi quattro milioni di schiavi come manodopera a basso costo, l'Unione sotto il Presidente Abraham Lincoln era contraria alla schiavitù.

Inoltre, il Nord e il Sud hanno strutture sociali diverse. Negli Stati del Sud, c'è il timore di essere messi in minoranza nelle decisioni politiche, a causa della loro minore popolazione. Gli Stati confederati del Sud, sotto il loro Presidente Jefferson Davis, erano anche ostili al Nord, perché quest'ultimo voleva mantenere bassi i prezzi dei loro prodotti agricoli. La guerra non era quindi dovuta esclusivamente alla questione della schiavitù.

Entrambe le parti mostrano una mancanza di comprensione e finiscono per combattersi aspramente. La guerra si trascina per altri due anni. Alla fine, l'Unione vince e le uccisioni terminano. Oltre 600.000 soldati hanno perso la vita. Gli Stati del Sud vengono reintegrati nell'Unione e gli schiavi ottengono la libertà con il 13° Emendamento alla Costituzione, anche se questo non li protegge dalla segregazione razziale e dalla discriminazione. Dopo la guerra, nel Sud si afferma l'idea della "Causa persa" per affrontare meglio la sconfitta. Il termine descrive il fatto che i sudisti non poterono fare nulla contro la superiorità del Nord e che la guerra fu in definitiva causata dagli attacchi culturali ed economici del Nord al Sud. Ancora oggi, la Guerra

Civile occupa un posto importante nella coscienza degli americani e la divisione tra Nord e Sud esiste ancora. In molti Stati del Sud, ad esempio, si vede ancora spesso la bandiera confederata, anche se è generalmente considerata un simbolo di razzismo e schiavitù.

Se vuole approfondire la storia dell'umanità, dia un'occhiata a queste fonti:

Harari, Yuval Noah: *Breve storia dell'umanità*

Durant, Will: *Le lezioni della storia*

Parzinger, Hermann: *Archeologia dell'avventura. Un viaggio nella storia dell'umanità*

Krause, Johannes: *Il viaggio dei nostri geni. Una storia di noi e dei nostri antenati*

evolution-mensch.de

geo.com/storia dell'umanità

PARTE 2: IL 20° SECOLO

L'ultimo secolo ha plasmato il nostro pianeta come nessun altro prima di esso. Innovazioni tecniche, guerre mondiali, nuove forme d'arte e sviluppi culturali hanno gettato le basi del mondo come lo conosciamo oggi. Una conoscenza completa del XX secolo è quindi essenziale per comprendere il presente. La seguente panoramica la aiuterà a classificare correttamente gli eventi e gli sviluppi più importanti.

1900 - 1910

Guerra boera

Nella Seconda Guerra Boera, dal 1899 al 1902, la Gran Bretagna combatté contro le repubbliche boere dello Stato Libero di Orange e della Repubblica Sudafricana. I britannici erano principalmente interessati al controllo delle preziose risorse naturali, mentre i boeri combattevano per la loro indipendenza dalla Gran Bretagna. Questi ultimi riuscirono a vincere diverse battaglie, soprattutto all'inizio della guerra, ma i soli 50.000 soldati dei boeri non furono all'altezza dei 400.000 britannici ben equipaggiati. Molte fattorie boere vengono bruciate e i loro campi distrutti; donne e bambini vengono inviati nei campi di concentramento. Lì, 27.000 di loro muoiono a causa delle condizioni catastrofiche dei campi. La Gran Bretagna vince la guerra e incorpora le repubbliche nell'Impero Britannico dopo la resa dei boeri e le proteste per i campi di concentramento in patria.

Rivolta dei boxer in Cina

In Cina, occupata dalle potenze coloniali, dal 1896 si sono formati dei gruppi chiamati "Boxer" per ribellarsi alle potenze straniere (tra cui Stati Uniti, Francia, Italia e Impero tedesco). Nessuna delle potenze coloniali aveva il controllo completo del Paese; l'attenzione era rivolta principalmente al controllo del commercio.

I conflitti con la popolazione sono sorti principalmente perché gli stranieri provenienti dall'Occidente hanno cercato di fare proseliti in Cina e di sopprimere la loro cultura. I Boxer inizialmente combatterono solo contro altri cinesi che si erano convertiti al cristianesimo, ma poi si rivolsero contro le influenze straniere in generale. Le rivolte nel nord della Cina e nella capitale Pechino sono tenute sotto controllo da soldati e diplomatici stranieri, ma quasi 23.000 cinesi e ambasciatori stranieri muoiono nella Ribellione dei Boxer. Diverse potenze coloniali inviano truppe in Cina, tra cui l'Impero tedesco con 20.000 soldati. La resistenza crolla nel 1900 e solo con il trattato di pace del 1901 arriva la pace nel Paese, che in precedenza era stato devastato dalle potenze alleate. I cinesi dovettero pagare un'elevata indennità di guerra e il Principe Chun fu invitato a recarsi in Germania come segno di espiazione.

Triplice Intesa

Francia, Russia e Regno Unito formano un trattato di alleanza con la Triplice Intesa. L'alleanza difensiva di politica estera ebbe un'influenza importante sugli sviluppi politici in Germania fino alla Prima Guerra Mondiale. Inizialmente, l'alleanza non aveva una grande influenza e non aveva obblighi particolari. Tuttavia, i tre Paesi circondano geograficamente le Potenze Centrali, soprattutto il Reich tedesco e l'Austria-Ungheria, attraverso l'Intesa.

1910 - 1920

Affondamento del Titanic

La nave passeggeri RMS Titanic, che era considerata inaffondabile, affonda il 14 aprile 1912 dopo essersi scontrata con un iceberg. La notizia si diffuse in tutto il mondo poco dopo e divenne una leggenda nel tempo. Con una lunghezza di 269 metri, il Titanic era la nave passeggeri più grande e più veloce dell'epoca. Il suo viaggio inaugurale partì da Southampton (Inghilterra) il 10 aprile, facendo inizialmente scalo in Francia e Irlanda per raccogliere tutti i passeggeri. Il transatlantico di lusso è dotato di ampie suite, palestra, piscina, ristoranti, caffè e altri servizi.

Un biglietto per la prima classe costa l'equivalente di circa 50.000 euro. La destinazione del viaggio è New York, ma la nave non attraversa completamente l'Atlantico. Poco prima della mezzanotte del 14 aprile, la nave colpisce un iceberg nell'Atlantico del Nord e viene squarciata lateralmente. La temperatura dell'acqua è inferiore a 0 gradi e passano solo circa tre ore prima che il Titanic scompaia sotto la superficie del mare. Ci vuole un po' di tempo prima che sul ponte ci si renda conto della gravità della situazione. Alcuni pensano che stiano semplicemente provando l'emergenza. Quando i passeggeri si rendono conto di ciò che sta accadendo, si scatena il panico. Ci sono solo 16 scialuppe di salvataggio, l'equipaggio è sopraffatto e non c'è nessun salvataggio in vista. Nell'acqua ghiacciata, è impossibile sopravvivere per più di 20 minuti nonostante il movimento. 1.500 persone muoiono e solo 712 sopravvivono al disastro. Il relitto del Titanic viene scoperto solo nel 1985, a quasi tre chilometri a sud-est della costa di Terranova.

Assassinio di Sarajevo

Il 28 giugno 1914, Francesco Ferdinando, erede al trono asburgico dell'Austria-Ungheria, e sua moglie Sofia vengono uccisi a Sarajevo. In precedenza, c'erano state tensioni tra l'Austria-Ungheria e il Regno di Serbia, appena creato, che era uscito rafforzato dalle guerre balcaniche e che ora chiedeva l'indipendenza e l'espansione dello Stato. Dopo che Francesco Ferdinando ha preso parte ai negoziati politici sulla Bosnia ed Erzegovina, due territori che, dal punto di vista serbo, appartengono ingiustamente all'Austria-Ungheria, si reca al municipio con sua moglie in un'auto scoperta. In realtà, i sette esecutori commettono due omicidi. In primo luogo, uno di loro lancia una bomba a mano contro l'auto, ma colpisce la persona sbagliata. Il viaggio continua. Quando l'auto si ferma per qualche secondo davanti a un caffè perché il Principe Ferdinando vuole cambiare strada, il 19enne Gavrilo Princip gli spara.

L'attacco è seguito da una crisi internazionale, nota come Crisi di Luglio, che porta alla guerra entro sei settimane. L'Austria-Ungheria dichiara guerra alla Serbia il 28 luglio, mentre la Russia si schiera con i serbi. La Germania dichiara guerra alla Russia e alla Francia e poco dopo la Gran Bretagna entra nel conflitto. La Prima Guerra Mondiale è scoppiata. C'è euforia in Germania, poiché si prevede che la guerra sarà vinta rapidamente.

Primo utilizzo del gas velenoso

La Prima Guerra Mondiale porta con sé innovazioni mai viste prima: il gas velenoso viene utilizzato per la prima volta come arma di distruzione di massa, insieme a granate e mitragliatrici. Si tratta di una guerra industrializzata. Il gas cloro utilizzato è particolarmente insidioso, non solo per i soldati ma anche per i civili nelle zone di guerra. Chiunque inali direttamente il gas soffoca terribilmente, in alcune zone intere aree di terreno appassiscono e gli uccelli cadono dagli alberi. Chi è sotto attacco può proteggersi solo indossando maschere antigas e con l'aiuto di canarini che danno l'allarme quando sentono l'odore del gas.

L'uso di gas velenosi è considerato efficiente soprattutto perché ferisce più spesso di quanto uccida. Per curare i feriti è necessario più personale di emergenza che per recuperare i morti. Le lesioni più comuni includono cecità, danni ai nervi, cauterizzazione e danni ai polmoni. Il Protocollo di Ginevra ha vietato l'uso di agenti di guerra chimica nel 1925, ma i gas tossici vengono utilizzati ancora oggi nelle zone di guerra.

L'inverno delle rape in Germania

Nell'inverno del 1916/17, il Reich tedesco sperimenta una carestia estrema a causa dei problemi economici del tempo di guerra e del blocco navale dell'Intesa. Anche la cattiva gestione dei prodotti alimentari è fatale, con molti agricoltori che preferiscono dare i loro raccolti al bestiame piuttosto che venderli nelle città, a causa dei vincoli di prezzo massimo. Non erano state costituite riserve prima della guerra e l'agricoltura non era in grado di soddisfare la domanda di prodotti. In molti luoghi viene distribuito latte diluito con acqua, insieme a piccole razioni di farina e grassi.

Nell'inverno del 1916/17, non sono rimaste nemmeno le patate, poiché il clima ha portato a un raccolto misero. Le rape diventano l'alimento base, da cui il termine "inverno delle rape". A differenza delle patate, non hanno bisogno di fertilizzanti artificiali, sono robuste e ragionevolmente ricche di vitamine. Persino i sostituti del caffè sono preparati con le rape essiccate e grattugiate. Tuttavia, molte persone soffrono di sintomi di carenza perché la barbabietola ha troppe poche calorie. Secondo gli esperti, oltre 700.000 persone muoiono a causa della malnutrizione, tra cui molti bambini, e si stanno diffondendo malattie come la tubercolosi. La fame è in definitiva uno dei motivi principali per cui la popolazione perde la voglia di fare la guerra e si rivolta contro lo Stato.

Fine della Prima Guerra Mondiale

La Prima Guerra Mondiale, in cui avrebbero perso la vita circa 17 milioni di persone, ha imperversato in Europa, Africa, Asia orientale, Oceania e Medio Oriente dal 1914 al 1918. L'entusiasmo iniziale per la guerra in Germania si è affievolito man mano che la guerra contro gli Stati dell'Intesa si trascinava e diventava sempre più brutale. La gente muore di fame e lo Stato preferisce investire il denaro nella produzione di armi piuttosto che spenderlo per i suoi cittadini. Da tempo è chiaro che la guerra non può più essere vinta.

Quando ai marinai di Wilhelmshaven, stanchi della guerra, fu ordinato di attaccare una flotta britannica nell'ottobre 1918, scoppiò un ammutinamento. La rivolta dei marinai di Kiel sfocia nella cosiddetta Rivoluzione di Novembre. Soldati e lavoratori di tutto il Paese si uniscono alle proteste, che si diffondono a macchia d'olio in tutto l'impero e assumono quasi il carattere di una guerra civile. A novembre, sempre più monarchi degli Stati tedeschi abdicano, compreso il Kaiser. La Prima Guerra Mondiale termina con la sconfitta della Germania e della sua alleata Austria-Ungheria. La monarchia tedesca diventa una repubblica democratico-parlamentare, caratterizzata da disordini fin dall'inizio. Nel gennaio 1919, si verificano pesanti scontri di piazza a Berlino, durante i quali vengono giustiziati i leader del Partito Comunista Tedesco (KPD), Rosa Luxemburg e Karl Liebknecht. Fino al 13 febbraio 1919, il Paese è governato da un organo rivoluzionario provvisorio, il Consiglio dei Rappresentanti del Popolo. L'uomo dell'SPD Philipp Scheidemann diventa Cancelliere del Reich, dopo essere stato eletto dall'Assemblea Nazionale.

Rivoluzione d'ottobre

In Russia, la rivoluzione ha luogo nell'autunno del 1917. Sotto Lenin, i comunisti bolscevichi prendono il potere. In precedenza, c'erano state rivolte per la fame e scioperi, poiché la popolazione civile russa soffriva anche a causa della guerra. Dopo la caduta dello Zar Nicola II, il Paese fu governato da un doppio governo, composto da un governo provvisorio e da un consiglio dei lavoratori e dei soldati. Nonostante la nuova leadership, le lamentele non cambiarono, una circostanza che favorì i bolscevichi, che promettevano pace e pane. Sotto il leader del partito Vladimir Ilyich Lenin, preparano il rovesciamento del governo provvisorio e assumono il governo il 24/25 ottobre. Sebbene non sia stato versato quasi nessun sangue durante il colpo di Stato, i bolscevichi lo esaltarono in seguito. Dopo una brutale guerra civile con l'"opposizione bianca", nel 1922 fondarono l'Unione Sovietica, uno Stato socialista che sarebbe diventato una superpotenza e un nemico dell'Occidente nei decenni successivi.

Influenza spagnola

L'influenza spagnola imperversa in tre ondate dal 1918 al 1920 e miete oltre 30 milioni di vittime, più della Prima Guerra Mondiale. La Germania, indebolita dall'inverno della fame, viene colpita in modo particolarmente duro. In realtà, il virus dell'influenza non ha avuto origine in Spagna, ma si pensa che provenga dal Kansas, negli Stati Uniti, dove sono stati registrati i primi casi nel marzo 1918. Tuttavia, la Spagna è stato il primo Paese a scrivere del virus - in altre parti del mondo, i media non potevano riferire della malattia per non indebolire ulteriormente il morale durante la guerra.

L'influenza si diffonde rapidamente attraverso le navi militari e il contagio tramite tosse e starnuti si ferma a pochissime persone. I sintomi includono mal di testa e dolori agli arti, febbre e tosse, e in molti casi polmonite. A causa della mancanza di ossigeno, la pelle delle persone colpite diventa spesso blu scuro e viola, motivo per cui si dice che la peste sia di nuovo in circolazione. Sono soprattutto i neonati, i bambini piccoli, le persone molto anziane e quelle estremamente robuste di età compresa tra i 20 e i 40 anni a morire di influenza spagnola, lasciando molti medici perplessi. Non esiste una vera e propria vaccinazione contro la malattia, che alla fine viene controllata principalmente con misure di quarantena.

Trattato di pace di Versailles

Alla Conferenza di Pace di Parigi del 1919, viene firmato un trattato di pace tra gli Stati dell'Intesa e i perdenti della Prima Guerra Mondiale. Il trattato, che fu percepito come ingiusto dai tedeschi, portò in seguito a cospirazioni contro la nuova Repubblica e i Paesi stranieri, perché umiliava i perdenti e li rendeva economicamente e moralmente responsabili degli orrori della guerra. La cosiddetta 'leggenda della pugnalata alla schiena', in particolare, cambiò drasticamente il corso della prima metà del XX secolo.

Questa teoria del complotto nacque perché i principali ufficiali militari non volevano assumersi la responsabilità della sconfitta in battaglia, anche se lo stesso Comando Supremo dell'Esercito chiese al Governo del Reich di negoziare un armistizio nell'autunno del 1918, perché le truppe tedesche non

stavano più resistendo. La pugnalata alle spalle signifi-
cava che l'esercito era effettivamente imbattuto al
fronte, ma le richieste di pace da casa, così come il sa-
botaggio e l'agitazione politica da sinistra lo pug-
nalarono alle spalle. I partiti di destra, come il NSDAP
in particolare, diffusero la leggenda della pugnalata
alle spalle per agitare i rappresentanti della Repubblica
di Weimar. Molte persone accettarono questa narrazi-
one senza fare domande, perché il fatto che la Germania avesse perso la guerra fu uno shock per loro. I soldati sopravvissuti utilizzano la teoria della cospirazione per aumentare la loro autostima e vedere la morte
dei loro compagni come eroica piuttosto che insensata.
La maggioranza della popolazione è fermamente convinta che la guerra avrebbe potuto essere vinta se gli
ebrei e i socialdemocratici non avessero pugnalato alle
spalle i soldati.

1920 - 1930

Fondazione della Lega delle Nazioni

Il 10 gennaio 1920, a seguito della Conferenza di pace, viene fondata la Società delle Nazioni, inizialmente composta da 32 Stati firmatari del Trattato di Versailles e 13 Stati neutrali. La Società delle Nazioni ha lo scopo di rafforzare la cooperazione tra gli Stati e quindi di garantire la pace. Una guerra catastrofica come la Prima Guerra Mondiale, che si era conclusa in precedenza, non doveva più ripetersi. Nel 1937, altri 21 Stati membri avevano aderito, mentre il Reich tedesco si era unito alla Lega nel 1926. All'inizio, la Lega delle Nazioni riuscì a porre fine ai conflitti di frontiera europei e a combattere problemi come il crimine legato alla droga e il traffico di esseri umani. Allo stesso tempo, sostenne una politica coloniale, ad esempio assegnando le colonie tedesche, che il Reich aveva perso dopo la guerra, ad altre grandi potenze.

Allo scoppio della Seconda Guerra Mondiale, la Lega delle Nazioni aveva perso gran parte della sua influenza, diversi Paesi, tra cui la Germania e il Giappone, si ritirarono da essa e alla fine non fu possibile evitare un'altra guerra mondiale. In seguito, la

Lega delle Nazioni si scioglie e viene sostituita dalle Nazioni Unite (ONU).

Repubblica di Weimar

La Repubblica di Weimar viene fondata nel 1918 e la prima Costituzione democratica della Germania viene adottata dall'Assemblea Nazionale di Weimar l'11 agosto 1919. Essa sancisce le libertà e i diritti fondamentali, alcuni dei quali risalgono alla Rivoluzione tedesca. Tuttavia, la Costituzione non è del tutto democratica secondo gli standard odierni. Il Presidente del Reich, noto anche come 'sostituto dell'imperatore', ha il potere di annullare i diritti fondamentali. La Repubblica lotta con difficoltà politiche interne fin dall'inizio, molti partiti si rifiutano di formare coalizioni e la popolazione è generalmente scettica sulla nuova forma di governo. Ci sono diversi tentativi di colpo di Stato fino al 1923. Le cose andarono male anche dal punto di vista economico, poiché le conseguenze della Prima Guerra Mondiale pesarono molto sul Paese nei primi anni.

La Repubblica deve pagare 132 miliardi di marchi d'oro come riparazioni di guerra. Quando non riesce a farlo, le truppe francesi e belghe occupano la regione della Ruhr, acquisendo materie prime e aumentando ulteriormente il debito nazionale. Questo porta all'iper-inflazione e il marco perde rapidamente valore: 1 dollaro equivale improvvisamente a 4,21 trilioni di marchi del Reich. Solo una riforma della valuta portò alla salvezza, portando alla stabilizzazione a partire dal 1924, inaugurando gli "Anni d'Oro".

Il proibizionismo negli Stati Uniti

Dal 1920 al 1933, fu vietato produrre, trasportare o vendere alcolici negli Stati Uniti. Le ragioni del divieto erano le proteste dei gruppi religiosi, l'aumento dell'alcolismo e la necessità di sfruttare la produzione di grano dopo la guerra, soprattutto per l'approvvigionamento alimentare. In effetti, in questo periodo gli americani bevevano più che mai. Numerosi contrabbandieri escogitarono modi creativi per far arrivare l'alcol agli americani.

Non tutti vengono presi e molti si arricchiscono con il contrabbando di alcolici. Anche il comportamento di chi beve è cambiato, con uomini e donne che ora bevono più spesso insieme. Nacquero i cosiddetti "speakeasies", locali segreti dove prosperavano la corruzione e il mercato nero. Per trasportare quantità di alcol, a volte le bottiglie vengono nascoste nel pane o nelle giarrettiere del corpo; persino le carcasse di maiale vengono utilizzate come nascondigli. Dopo molte proteste, avvelenamenti da alcol dovuti al rapido declino della qualità dell'alcol e crisi economiche, il Presidente Hoover abroga finalmente il Proibizionismo.

I vent'anni d'oro

Dopo la fine dell'iperinflazione nella Repubblica di Weimar, per molti inizia un periodo di festeggiamenti. Gli anni d'oro sono caratterizzati dal jazz, dal nudismo, da un periodo di massimo splendore culturale e dall'ebbrezza. Gli artisti e gli intellettuali cercano nuove forme di espressione e rompono con le vecchie tradizioni dell'impero; una nuova oggettività che si concentra su temi socialmente critici è all'ordine del giorno.

I politici vogliono anche far uscire la Germania dalla sua mentalità conservatrice e integrarla maggiormente nella Comunità Europea attraverso misure di politica estera. Molte donne stanno diventando più sicure di sé e lo dimostrano truccandosi, con acconciature corte e fumando in pubblico. Ispirati dalla cultura statunitense, gli stili di vita diventano più permissivi e si affermano nuovi mezzi di comunicazione di massa come il cinema. Ma non tutti i cittadini hanno l'opportunità di divertirsi; la maggior parte sta ancora lottando con il trauma e le conseguenze economiche della guerra.

Crisi economica globale

Il crollo del mercato azionario a New York il 25 ottobre 1929, noto anche come "venerdì nero", ha segnato l'inizio della crisi economica globale nell'ottobre 1929. Le conseguenze in Germania sono devastanti, i prestiti americani vengono ritirati ai tedeschi. La produzione viene drasticamente annullata, milioni di persone perdono il lavoro e le banche crollano.

Gli Anni d'Oro sono finalmente finiti. La politica deflazionistica del Cancelliere del Reich Heinrich Brüning non funziona, il che fa il gioco dei partiti di estrema destra come l'NSDAP. La Grande Coalizione, composta da SPD, Partito di Centro, DVP e DDP, crolla e non si forma un'altra coalizione, spingendo il Presidente del Reich Paul von Hindenburg ad avvalersi del diritto di emettere decreti d'emergenza. Il Governo è governato senza l'approvazione del Parlamento, il che significa che la democrazia è sospesa. La crisi economica globale porta alla perdita della democrazia in Germania, all'ascesa del NSDAP e alla fine della Repubblica di Weimar.

1930 - 1940

L'ascesa di Hitler

Per anni, i nazisti hanno cercato di prendere il potere in Germania con la forza. Quando questo non funzionò, passarono ad una presa di potere legale e si astennero da assalti e tentativi di colpo di stato. Il 30 gennaio 1933, Adolf Hitler fu nominato Cancelliere del Reich dal Presidente del Reich Paul von Hindenburg, dopo che i Nazionalsocialisti erano diventati la fazione più forte l'anno precedente. Avevano sfruttato il malumore contro la Repubblica di Weimar e avevano raccolto un grande elettorato.

Dopo anni di incertezza nella Repubblica e con la disoccupazione di massa, il popolo desidera un leader forte che riporti il Paese alla prosperità. In pochi mesi, il NSDAP trasforma la democrazia in una dittatura totalitaria con decreti d'emergenza e la Gleichschaltung, ossia l'integrazione forzata di tutte le forze economiche, politiche e sociali nella sua organizzazione. Gli oppositori politici, soprattutto i funzionari del KPD e della SPD, sono stati nel migliore dei casi ricattati e licenziati, nel peggiore torturati e uccisi. La svastica viene apposta sulle bandiere di quasi tutti gli edifici e nel 1935 diventa l'unico emblema nazionale del Reich tedesco. La stampa, i film e la radio sono utilizzati per la propaganda del NSDAP, che influenza deliberatamente la popolazione sotto la guida del leader della propaganda del Reich Joseph Goebbels. I bambini vengono radicalizzati fin dalla più tenera età, venendo formati ideologicamente nel Terzo Reich come membri della Gioventù hitleriana. Quasi tutti i settori della vita sono determinati e gestiti dai Nazionalsocialisti.

Per molti, questo è il punto di svolta di cui la Germania aveva bisogno. Nel gennaio 1935, il NSDAP contava quasi 2,5 milioni di membri del partito. Il partito non è attraente solo per la sua posizione ferma e la sua schiettezza; le uniformi delle SS e della Gioventù Hitleriana sono confezionate dall'azienda Hugo Boss.

Guerra civile in Spagna

Mentre il regime nazista in Germania cambiava drasticamente il Paese, in Spagna infuriava la guerra civile dal 1936 al 1939. Sotto il generale conservatore Francisco Franco, scoppiò una rivolta contro il governo repubblicano di sinistra della Spagna. Hitler interviene nella guerra nel 1936, quando il colpo di Stato è quasi sconfitto. Il motivo è il suo desiderio di far avanzare il fascismo in Europa. Stava pianificando l'espansione del Reich e temeva una Spagna comunista o socialista che avrebbe potuto allearsi con i suoi nemici. Un'altra motivazione era il suo legame con l'Italia fascista, che sosteneva anche Franco in Spagna. Sostenuto dal Reich tedesco e dall'Italia con le loro forze aeree e i loro carri armati, Franco vinse la guerra nel 1939, segnando l'inizio della sua dittatura.

Leggi di Norimberga

Le Leggi razziali di Norimberga vengono utilizzate per legittimare la persecuzione e l'omicidio degli ebrei. La pseudo-scientifica "Legge sulla protezione del sangue" rese l'antisemitismo un requisito legale. Il matrimonio tra ebrei e "cittadini di sangue tedesco" fu reso un reato penale. Per i nazionalsocialisti, non importava chi si considerava ebreo o meno, contavano solo le categorie biologiche e ideologiche caratterizzate dal loro razzismo. Le persone vengono classificate in diverse gradazioni di ebrei a seconda dell'ascendenza dei loro nonni ebrei. Le convinzioni antisemite dell'NSDAP non sono affatto un segreto; il loro programma di partito del 1920 già chiariva che gli ebrei non potevano appartenere alla comunità nazionale. Al più tardi nel 1938, gli ebrei tedeschi avevano perso tutti i loro diritti fondamentali, anche se la giustificazione dei nazisti si basava su presupposti arbitrari e non scientifici.

Giochi Olimpici a Berlino

Nel 1936, i Giochi Olimpici si tengono a Berlino. Nonostante le crescenti critiche al regime, la Germania nazista si dimostra aperta e ospitale. Goebbels prepara il Paese per la stampa in arrivo; per tutta la durata dei Giochi, non ci sono incitamenti contro gli ebrei sui giornali o altri media, e due "mezzi ebrei" sono inclusi nella squadra di atleti tedeschi. I Giochi sono accompagnati da eventi culturali, ben accolti dagli ospiti stranieri. Alla fine, la squadra olimpica tedesca vince 33 medaglie d'oro, la maggior parte delle quali nelle discipline della ginnastica, dell'atletica e del canottaggio.

Ciò che non rientra nel quadro per i Nazionalsocialisti è l'atleta Jesse Owens, un nero americano che è l'atleta di maggior successo con quattro medaglie d'oro.

La notte del pogrom

Nella notte tra il 9 e il 10 novembre 1938, centinaia di sinagoghe bruciano nel Reich, le case e le aziende ebraiche vengono distrutte e gli stessi ebrei vengono uccisi. I nazionalsocialisti non nascosero più il loro antisemitismo. Molti tedeschi approfittarono di questo terrore, dato che le teorie cospirative e la propaganda di destra avevano alimentato l'odio verso gli ebrei per anni, e molti dei beni dei perseguitati furono trasferiti a loro.

Per molto tempo, questo evento è stato chiamato "Kristallnacht", ma oggi viene chiamato "Notte dei Pogrom", poiché secondo gli esperti e i sopravvissuti dell'Olocausto, il primo termine oscura le atrocità commesse dai nazisti ed è associato più alla rottura di lampadari che ai mezzi di sussistenza distrutti e alle persone uccise.

Inizio della Seconda Guerra Mondiale

Il 1° settembre 1939, la Seconda Guerra Mondiale inizia con la guerra lampo sulla Polonia da parte dei nazionalsocialisti. Hitler stava pianificando da tempo la conquista di territori ad est. All'inizio, la propaganda nazista non parlava ancora di una guerra, ma solo di una "azione punitiva" contro la Polonia a causa di presunte violazioni dei confini e provocazioni. Tuttavia, tutti si rendevano conto di ciò che era imminente.

Molti seguono gli eventi con preoccupazione, poiché i ricordi della Prima Guerra Mondiale e delle sue devastanti conseguenze tornano a galla. Altri erano sicuri della vittoria fin dall'inizio e confidavano nella forza della Wehrmacht. Tuttavia, la battaglia con le potenze occidentali fu brutale e molto più grande di quanto i nazisti avessero pianificato. La Gran Bretagna, in particolare, si dimostrò un avversario difficile, le cui truppe furono motivate a perseverare dal Primo Ministro Winston Churchill. Il Reich raggiunse i suoi limiti anche nella guerra contro l'Unione Sovietica, che formò una solida coalizione con gli Stati Uniti e la Gran Bretagna a partire dal 1942. Il morale della popolazione si sgretola, soprattutto dopo la sconfitta tedesca a Stalingrado nel 1943, ma ci sono ancora richieste di "guerra totale". Molti cittadini credevano ancora nella vittoria e i raid aerei alleati alimentavano l'odio verso il nemico. Ma la sconfitta militare del Terzo Reich era prevedibile da tempo.

1940 - 1950

Olocausto

I nazisti iniziarono a costruire campi di concentramento e di lavoro già negli anni Trenta. Qui si svolse gran parte dell'Olocausto, noto anche come Shoah, il genocidio degli ebrei. Nel 1942, la "Soluzione Finale della Questione Ebraica" fu decisa alla Conferenza di Wannsee e fu coordinata l'ulteriore organizzazione dell'Olocausto. La guerra non scoraggiò i nazionalsocialisti dall'obiettivo di Hitler di sterminare tutti gli ebrei europei. Nei crudeli campi di lavoro e nei luoghi di sterminio, milioni di persone persero la vita negli anni successivi, almeno 1,1 milioni solo ad Auschwitz. Le vittime nei campi di concentramento erano principalmente ebrei, prigionieri politici, omosessuali e sinti e rom, che venivano spogliati di tutti i loro averi prima di essere deportati in massa e portati nei campi in treno. Nelle camere a gas, coloro che erano troppo deboli per i lavori forzati venivano uccisi con lo Zyklon B, un gas che provocava una morte agonizzante per asfissia.

Circa l'80% dei nuovi arrivati ad Auschwitz furono uccisi immediatamente nel 1942 e fu detto loro che sarebbero stati disinfettati solo nelle camere. Le vittime comprendevano molti bambini, donne e anziani. Dopo essere stati strappati i denti d'oro, rimosse le protesi e strappati i capelli dal corpo, sono stati bruciati nei crematori o in fosse appositamente progettate. Gli schiavi del lavoro dovevano vivere in alloggi sovraffollati e di solito morivano poco dopo il loro arrivo a causa del duro lavoro, delle malattie o per mano di guardie sadiche. I circa 6.5000 uomini delle SS che lavorarono ad Auschwitz dal 1940 al 1945, di solito vivevano una vita spensierata con le loro famiglie vicino al campo.

Con l'avvicinarsi della fine della guerra, decine di migliaia di prigionieri di Auschwitz-Birkenau sono costretti a marciare verso l'Occidente. Molti prigionieri morirono anche durante questa marcia della morte verso il territorio del Reich. Prima di ciò, le SS avevano ucciso diverse migliaia di prigionieri in una sola notte e avevano tentato di distruggere tutte le prove. Il 27 gennaio 1945, il campo di concentramento fu liberato dai soldati dell'Armata Rossa, con solo 7.000 persone rimaste. Questo giorno è oggi una giornata internazionale di commemorazione dell'Olocausto. Alla fine del Terzo Reich, erano stati uccisi 6 milioni di ebrei.

Movimenti di resistenza

Molti cittadini beneficiarono delle politiche di Hitler e per molto tempo non videro alcun motivo per ribellarsi al regime. Tuttavia, durante l'era nazista si formarono numerosi movimenti di resistenza, come la "Rosa Bianca", l'"Orchestra Rossa" e il "Circolo di Kreisau". I sostenitori di queste organizzazioni dovettero temere per la propria vita, poiché i nazionalsocialisti cercarono di 'eliminare' i dissidenti con ogni mezzo necessario. La resistenza della popolazione civile si manifesta principalmente in piccole azioni e appelli alla ribellione. La coppia Elise e Otto Hampel, ad esempio, distribuì a Berlino cartoline e biglietti che condannavano il Nazionalsocialismo e invitavano alla resistenza.

I fratelli Hans e Sophie Scholl, membri del gruppo studentesco della Rosa Bianca di Monaco, divennero tragicamente famosi quando furono sorpresi a distribuire volantini e giustiziati nel febbraio 1943. Anche intellettuali emigrati come Thomas Mann si rivoltarono contro i nazisti dalla protezione dell'esilio; all'interno della Germania, anche uomini di chiesa come Dietrich Bonhoeffer e Martin Niemöller combatterono contro i nazisti.

Attacco a Pearl Harbor

Il 7 dicembre 1941, la forza aerea navale giapponese lanciò un attacco a sorpresa alla base navale di Pearl Harbor, sull'isola hawaiana di Oahu. Oltre 2.000 persone morirono durante la battaglia. Di queste, 1.100 morirono sulla USS Arizona, una potente nave da guerra che fu colpita da una bomba e affondò in brevissimo tempo. Ai marinai superstiti della nave fu permesso di spargere le loro ceneri sul relitto dopo la loro morte. Ancora oggi, le teorie di cospirazione circondano l'attacco, soprattutto perché gli Stati Uniti entrarono nella Grande Guerra dopo Pearl Harbour. Si dice che il Presidente Roosevelt fosse a conoscenza dell'attacco e lo usasse come motivo per entrare in guerra. Tuttavia, non ci sono prove certe di questo. Ciò che è certo è che l'attacco a Pearl Harbor è uno degli eventi più importanti della Seconda Guerra Mondiale ed è impresso nella memoria collettiva degli americani.

Il D-Day

Il 6 giugno 1944, quando gli Alleati prendono d'assalto Omaha Beach sulla costa della Normandia, passa alla storia come il D-Day. Si tratta della più grande invasione di una forza di sbarco di tutti i tempi. Circa 150.000 americani, francesi, britannici, canadesi e polacchi sbarcarono su cinque spiagge diverse, e Hitler inizialmente pensò che l'invasione fosse una manovra ingannevole. Ma le truppe erano serie. Il nemico viene combattuto con aerei, navi, paracadutisti, veicoli e soldati.

Entro il 12 giugno, gli Alleati riescono a collegare i cinque siti di sbarco per formare un fronte coerente lungo 100 chilometri e profondo 30 chilometri. Anche quando la portata dell'invasione era chiara, Hitler non sostenne le truppe tedesche in Normandia. Nonostante ciò, la battaglia nell'entroterra non è stata facile, con unità di fanteria tedesche isolate che hanno ripetutamente ostacolato i piani delle truppe alleate. Il 31 luglio, tuttavia, le truppe alleate sfondarono il fronte tedesco ad Avranches, consentendo una guerra di movimento che avrebbe poi portato alla liberazione della Francia. La battaglia durante e dopo il D-Day annuncia quindi la fine della Seconda Guerra Mondiale.

Assassinio di Stauffenberg

Il 20 luglio 1944, l'ufficiale della Wehrmacht Claus Schenk Graf von Stauffenberg tentò di uccidere Adolf Hitler con l'aiuto di esplosivi nel quartier generale del Führer, la Tana del Lupo. Il tentativo di assassinio da parte dell'ufficiale di carriera aristocratico è considerato il tentativo più significativo di rovesciare il regime nazista. Stauffenberg non agì da solo. Oltre 200 persone furono coinvolte nella pianificazione del complotto, tra cui ufficiali, ecclesiastici, funzionari pubblici e socialisti. Tuttavia, il tentativo di colpo di Stato fallisce e Hitler rimane solo leggermente ferito, mentre Stauffenberg viene ucciso poco dopo. Sebbene questo sia considerato il più famoso tentativo di assassinio del Führer, non è l'unico. Adolf Hitler è sopravvissuto ad almeno 39 attentati fino al 1945.

Fine della Seconda Guerra Mondiale

L'8 maggio 1945, la Seconda Guerra Mondiale termina con la dichiarazione di resa della Wehrmacht tedesca. Il mondo tira un sospiro di sollievo dopo anni di combattimenti e distruzione di città; circa 60 milioni di persone erano morte durante la Seconda Guerra Mondiale. Ma dopo l'ora zero, l'orrore è tutt'altro che finito per i tedeschi. Nella terra dei vinti, mancano cibo e vestiti, molti hanno perso le loro case e vagano per le città distrutte.

Il 30 aprile 1956, Hitler si era tolto la vita e il Paese era senza leader ed esausto. Le tre principali potenze vincitrici, rappresentate da Winston Churchill, Josef Stalin, Franklin D. Roosevelt e Harry S. Truman. Roosevelt e Harry S. Truman, avviarono il processo di denazificazione e divisero il Paese in quattro zone di occupazione. Un'amministrazione interamente tedesca non si concretizza e le diverse politiche di Stati Uniti, Francia, Gran Bretagna e URSS gettano le basi della Guerra Fredda e della divisione della Germania anni dopo.

Processo di Norimberga

I processi ai principali criminali di guerra della Seconda Guerra Mondiale si svolgono a Norimberga fino all'ottobre 1946. Furono incriminati quasi 200 nazionalsocialisti dell'amministrazione, dell'esercito, della politica e dell'economia, dodici dei quali ricevettero la pena di morte. Fare i conti con i crimini di guerra e gli omicidi nei campi di concentramento è un'enorme sfida legale che sorprende anche gli imputati. Molti di loro pensavano che sarebbero stati fucilati immediatamente senza processo.

Tra i più importanti vi erano il vice di Hitler Rudolf Hess e il Reichsmarschall Hermann Göring. La denazificazione dell'intera popolazione tedesca rappresentava anche una sfida, perché se ogni singolo criminale nazionalsocialista fosse stato arrestato, sarebbe stato impossibile amministrare il Paese. I cittadini compilano dei questionari per indicare la misura in cui sono stati coinvolti nei crimini. Molti sfuggono così alla loro giusta punizione e continuano a vivere senza colpa nella Germania del dopoguerra.

Il ponte aereo di Berlino

La potenza occupante sovietica blocca le vie di comunicazione terrestri e fluviali verso Berlino Ovest dal giugno 1948 al maggio 1949. Il motivo era l'introduzione del marco tedesco, che non piaceva a Stalin. Voleva rafforzare la sua pretesa su Berlino. Durante questo periodo, gli Alleati occidentali rifornirono Berlino attraverso un ponte aereo per quasi un anno intero. Oltre due milioni di tonnellate di cibo furono distribuite in tutta la città dai 'bombardieri della Sultana' in 277.000 voli, finché Stalin non pose fine al blocco nel maggio 1949 e si rese conto che la divisione era inevitabile.

Fondazione della RFT e della RDT

La Repubblica Federale di Germania è stata fondata il 23 maggio 1949 e la Legge fondamentale della RFT è entrata in vigore contemporaneamente. Il motivo principale è la divergenza di opinioni tra le potenze vincitrici, principalmente gli Stati Uniti e l'Unione Sovietica. Mentre gli Stati Uniti si adoperano per una "zona economica unita", nell'Est si sta già introducendo un'economia socialista pianificata a livello centrale. Il blocco di Berlino porta poi alla spaccatura finale del governo a quattro potenze ed è prevedibile la doppia fondazione dello Stato.

Il 7 ottobre dello stesso anno, viene fondata la Repubblica Democratica Tedesca. A differenza della RFT, che corrisponde a una democrazia parlamentare, la DDR è una dittatura del Partito di Unità Socialista di Germania (SED). La Germania è divisa in due Stati fino al 1990.

1950 - 1960

La morte di Stalin

La morte di Stalin nella primavera del 1953 segnò la fine di una dittatura di epurazione e terrore durata decenni. La cosiddetta 'dittatura rossa' sotto Josef Stalin passa alla storia come uno dei peggiori crimini dell'umanità. Dopo aver preso il potere nel 1924, Stalin fece assassinare gli oppositori politici e li cancellò completamente dalla memoria collettiva della popolazione, distruggendo o ritoccando le foto e negando la loro esistenza. Fece soffrire il suo popolo, volle imporre la collettivizzazione forzata dei contadini russi e scatenò una carestia. Durante la Seconda Guerra Mondiale, permise alle truppe dell'Armata Rossa di andare in battaglia contro Hitler con un equipaggiamento scadente. Deportò milioni di persone nei gulag, campi di concentramento all'interno dell'URSS dove i nemici e i critici di Stalin erano costretti a lavorare e a morire. Il sistema repressivo non solo causò la morte di quasi 4,5 milioni di persone, ma fu anche estremamente inefficiente e testimoniò l'arretratezza della Russia.

Nonostante o proprio a causa di questo, si è sviluppato un culto della personalità intorno a Stalin. Il dittatore viene dipinto come il salvatore del popolo ed è venerato da molti. Questa venerazione è diminuita dopo la sua morte e l'Unione Sovietica è stata de-stalinizzata da quel momento in poi.

Il "Miracolo di Berna

Nel luglio 1954, la Germania divenne per la prima volta campione del mondo di calcio in Svizzera. Nella finale, la nazionale di calcio della Germania Ovest ha battuto la nazionale ungherese per 3:2. C'è una grande esultanza in Germania, perché la vittoria aumenta l'autostima della nazione, soprattutto nella Germania Ovest. In retrospettiva, l'evento viene spesso descritto come l'effettiva nascita della Repubblica Federale di Germania.

Miracolo economico

Grazie al primo Ministro dell'Economia della RFT, Ludwig Erhard, negli anni '50 la Germania tornò alla prosperità. Le ragioni principali sono state la riforma della valuta, il concetto di economia sociale di mercato e l'aumento della produzione industriale. Dal 1950 in poi, la disoccupazione diminuì costantemente da oltre il 12% e alla fine degli anni '50 prevalse la piena occupazione. Questo riduce anche la carenza di alloggi e le persone socialmente svantaggiate ricevono gradualmente un sostegno statale.

L'economia nazionale è sostenuta da un'elevata domanda di beni d'esportazione e il commercio estero sta diventando sempre più importante. Il comportamento dei consumatori è in piena espansione, grazie alle nuove innovazioni tecniche per la vita quotidiana e agli allettanti status symbol. Dopo decenni di guerra e povertà, i tedeschi vogliono vivere e comprare senza pensieri. Ma non tutto è roseo; ci sono anche proteste e controversie di lavoro, in quanto le grandi aziende stanno beneficiando molto di più della ripresa rispetto ai dipendenti, e ci sono anche lotte per migliorare le condizioni di lavoro. L'orario di lavoro deve essere ridotto, i lavoratori vogliono una maggiore sicurezza sociale e le donne chiedono la stessa retribuzione degli uomini.

Fuga dalla Repubblica

Molte persone sono state colpite duramente dalla divisione della Germania. Nel 1990, circa 3,8 milioni di persone erano fuggite dalla DDR, per lo più illegalmente e attraverso percorsi pericolosi. Non appena fu costruito il Muro, molti cittadini fuggirono verso l'Occidente con pochi effetti personali, dopo aver saputo che la parte orientale di Berlino sarebbe stata isolata dall'Occidente.

Gli attraversamenti illegali del confine sono puniti in modi diversi, con multe o fino a due anni di reclusione nei casi minori e fino a otto anni di reclusione nei casi gravi. Per alcuni, la situazione è ancora peggiore: oltre 100 persone sono state uccise mentre fuggivano.

Sputnik 1

Nell'ottobre 1957, l'Unione Sovietica invia il primo satellite nello spazio. Lo Sputnik 1 suscita preoccupazione tra gli americani, anch'essi in corsa per la supremazia nello spazio. Le reazioni politiche e sociali allo Sputnik 1 sono note anche come 'shock Sputnik', perché durante la Guerra Fredda, i viaggi spaziali sono rappresentativi della gara tra Est e Ovest.

In risposta, in America viene fondata la NASA e il sistema educativo degli Stati Uniti viene riorganizzato, in quanto l'intera nazione concorda sulla necessità di avere più menti brillanti in grado di fronteggiare l'Unione Sovietica, e non solo nello spazio. Ad aumentare il panico è la consapevolezza che l'Est è ora apparentemente in grado di lanciare missili nucleari intercontinentali contro gli Stati Uniti.

1960 - 1970

Scandalo talidomide

Nel 1961 e nel 1962, nella Repubblica Federale Tedesca fu scoperto uno dei più grandi scandali di droga. Il tranquillante talidomide veniva consigliato alle donne in gravidanza, sebbene il farmaco causasse malformazioni nell'utero. Il farmaco doveva essere assunto per il nervosismo, i disturbi del sonno e la nausea, e alle donne veniva anche raccomandato di assumerlo per aumentare l'eccitazione sessuale.

Il farmaco fu un successo commerciale, soprattutto nella Germania Ovest. Gli effetti collaterali erano fatali, poiché danneggiava i nervi e lo sviluppo degli embrioni, in modo che le estremità e gli organi interni non si formassero correttamente. Lo scandalo venne alla luce solo tre anni dopo la nascita dei primi "bambini talidomide"; ad oggi, 2.500 persone sono sopravvissute con malformazioni talvolta gravi causate dal talidomide.

Beatles mania

Negli anni '60, l'entusiasmo per il gruppo pop britannico dei Beatles esplose in tutto il mondo. La 'Beatles mania' raggiunse anche la Germania e nel 1966 i Fab Four si recarono nel Paese per tre giorni, scatenando un'isteria pura. Erano già stati ad Amburgo per due anni all'inizio degli anni '60, dove si esibirono continuamente nei locali notturni e svilupparono il loro suono inconfondibile.

Quando rimettono piede sul suolo tedesco, sono letteralmente inseguiti dai loro giovani fan, per lo più di sesso femminile, i loro alberghi sono assediati e ci sono sempre delle grida. I cittadini più anziani della polverosa Germania del dopoguerra sono particolarmente stupiti dall'isteria.

Inizio della costruzione della parete

La costruzione del Muro di Berlino inizia nell'agosto del 1961. L'obiettivo è quello di impedire alle persone di fuggire dall'Est all'Ovest. Il Muro di Berlino è lungo 46 chilometri e diventa un simbolo della Guerra Fredda che resterà in piedi per oltre 28 anni. Nel giugno 1961, il leader della SED Walter Ulbricht annuncia: "Nessuno ha intenzione di costruire un muro", una bugia audace. Tutte le vie di comunicazione tra Berlino Ovest e Berlino Est vennero interrotte, i quartieri vennero completamente isolati e vennero eretti dei posti di confine. Il Muro separò famiglie e amici e per alcuni significò la morte. Tra il 1961 e il 1989, almeno 136 persone sono state uccise dal Muro di Berlino.

"Io sono un berlinese".

Nel giugno 1963, il Presidente degli Stati Uniti John F. Kennedy si reca a Berlino Ovest per esprimere la sua solidarietà. Il mondo era nel pieno della Guerra Fredda tra Est e Ovest, e gli abitanti della parte occidentale della città di Berlino erano ancora una volta isolati dal Muro di Berlino. Kennedy vuole evitare di fare dichiarazioni definitive sulla situazione e quindi sceglie il metodo collaudato di annunciare qualcosa nella lingua nazionale nel suo discorso.

La sua dichiarazione "Ich bin ein Berliner" passa alla storia e i circa 400.000 berlinesi dell'Ovest presenti davanti al Municipio di Schöneberg sono entusiasti. Si sono sentiti rivendicati dal Capo di Stato e protetti dal potere del comunismo, anche se il resto del discorso è stato rapidamente dimenticato. La DDR, tuttavia, non è affatto entusiasta del discorso di Kennedy, che viene visto come una provocazione.

Guerra del Vietnam

Nel frattempo, la Guerra del Vietnam, iniziata nel 1955 e destinata a terminare solo nel 1975, è ancora in corso. In sostanza, non si tratta tanto del conflitto tra Vietnam del Nord e Vietnam del Sud, quanto dell'influenza dell'Unione Sovietica comunista e degli Stati Uniti in Asia.

La guerra è particolarmente importante per gli Stati Uniti, che sostengono il Vietnam del Sud e vogliono respingere il Nord comunista. Nel farlo, hanno intrapreso azioni estremamente brutali, soprattutto contro la popolazione civile. Gli attacchi aerei e le truppe di terra divennero presto parte della vita quotidiana dei vietnamiti, il defoliante chimico napalm causò danni devastanti e anche i Paesi del Laos e della Cambogia furono destabilizzati dalla guerra. Mentre le prime immagini e i primi video dell'orrore fanno il giro del mondo, negli Stati Uniti e in altri Paesi si scatenano accese proteste. Le nuove tecnologie non solo hanno reso più efficienti i gruppi militari, ma hanno anche assicurato che tali atrocità non avvenissero più in segreto a migliaia di chilometri di distanza. Gli Stati Uniti si ritirarono dal Vietnam nel 1971 e la guerra terminò nel 1975, quando il Vietnam del Nord catturò Saigon. A quel punto erano morti oltre 3 milioni di soldati e civili.

Movimento del 1968

Alla fine degli anni '60, le proteste contro le violazioni dei diritti umani, le idee nazionalsocialiste, il sessismo e la guerra del Vietnam divennero sempre più forti. Gli studenti di sinistra, in particolare, hanno protestato contro i valori delle generazioni precedenti e contro i poteri che hanno preso il sopravvento. Si lamentano che molti dei loro professori erano o sono ancora nazisti e chiedono una rivalutazione approfondita del Nazionalsocialismo.

Rudi Dutschke divenne la personificazione del movimento, vedendosi come un rivoluzionario e tenendo discorsi in cui chiedeva il rovesciamento della società di classe. In alcuni casi, ha anche invitato alla violenza, sostenendo che questa fosse legittima per distruggere la violenza che già prevaleva. Tuttavia, la maggior parte dei manifestanti pratica sit-in e teach-in pacifici, assediando piazze pubbliche e campus universitari, tenendo riunioni e marciando per le strade delle principali città. Tuttavia, anche i sostenitori pacifici del movimento studentesco hanno fatto ricorso alla violenza, quando la polizia ha aperto il fuoco durante una protesta a Berlino, uccidendo il 26enne Benno Ohnesorg e quasi due anni dopo c'è stato un attacco a Rudi Dutschke. Dopo altre grandi manifestazioni, il movimento si è spento, soprattutto a causa della frammentazione interna.

Atterraggio sulla Luna

La notte del 20/21 luglio 1969, un uomo mise piede sulla Luna per la prima volta. Il suo nome è Neil Armstrong e rimarrà nei libri di storia con il suo detto "Un piccolo passo per un uomo, ma un grande balzo per l'umanità". 500 milioni di telespettatori guardano la missione del razzo Apollo 11 con emozione. Un totale di tre persone si trovano sulla Luna: Neil Armstrong, Edwin "Buzz" Aldrin e Michael Collins.

I viaggiatori spaziali trascorrono un totale di 21 ore sulla Luna. Si tratta di un evento importante per gli Stati Uniti, in quanto l'Unione Sovietica era stata precedentemente in vantaggio nella corsa allo spazio con lo Sputnik 1 e il primo uomo nello spazio. Un fatto che non dovrebbe passare inosservato: Sebbene i viaggi spaziali negli anni '60 fossero fortemente dominati dagli uomini, anche le donne hanno dato un contributo significativo alla prima missione lunare. Prima fra tutte Katherine Johnson, che fu corresponsabile del calcolo dell'orbita intorno alla Luna e fu una delle poche scienziate afroamericane della NASA. Dal 1969, ci sono state solo poche altre missioni lunari con equipaggio, l'ultima delle quali ha avuto luogo nel 1972.

1970 - 1980

Trattati orientali

All'inizio degli anni '70, sono stati conclusi diversi trattati con l'Europa dell'Est, in cui la Repubblica Federale di Germania e l'Unione Sovietica hanno concordato di mantenere la pace internazionale. Questi includono il Trattato di Varsavia, che regola i rapporti tra la RFT e la Repubblica Popolare. Durante i negoziati, il Cancelliere Willy Brandt si inginocchia davanti al monumento alle vittime della Rivolta del Ghetto di Varsavia del 7 dicembre 1970, simboleggiando l'ammissione di colpa della Germania. Le immagini del Cancelliere inginocchiato fecero il giro del mondo e furono accolte quasi universalmente bene. Hermann Schreiber di Der Spiegel scrive: "Poi confessa una colpa che non deve sopportare e chiede un perdono di cui non ha bisogno. Poi si inginocchia per la Germania".

Fazione Armata Rossa

L'estremista di sinistra RAF ha terrorizzato la Germania Ovest con attacchi negli anni '70. Ha protestato violentemente contro il capitalismo e lo Stato e ha avuto origine dal movimento del 1968. Protesta violentemente contro il capitalismo e lo Stato e trae le sue origini dal movimento del 1968. I membri considerano la lotta attiva con la violenza e le armi come l'unico modo per attirare l'attenzione sulle lamentele politiche e sociali.

Al centro del gruppo c'erano i fondatori Andreas Baader, Gudrun Ensslin e Ulrike Meinhof, i cui attacchi allo Stato di diritto assomigliavano a guerriglieri urbani sudamericani e che hanno costruito un'intera rete di terrore intorno a loro. Il terrore raggiunse il suo apice nel 1977 con l'assassinio del Procuratore Generale Federale Siegfried Buback, del presidente della banca Jürgen Ponto e del presidente del datore di lavoro Hanns Martin Schleyer. A Stoccarda-Stammheim, diversi membri della leadership della RAF furono condannati all'ergastolo fino al 1977, tra cui Jan-Carl Raspe, oltre ai tre membri della RAF già citati. Tutti gli accusati si suicidarono in prigione, ponendo fine alla RAF. Sebbene siano seguite altre generazioni, queste

erano molto più deboli in termini di membri e alla fine
si sono sciolte nel 1998.

L'affare Watergate

All'inizio degli anni '70, vennero gradualmente scoperti sempre più abusi di ufficio alla Casa Bianca, tra
cui donazioni illegali ai partiti e intercettazioni telefo-
niche. Lo scandalo prende il nome dal complesso edili-
zio Watergate di Washington, che fu violato e i dati
rubati e manipolati per influenzare la campagna elettorale dei Democratici.

L'affare Watergate ha scosso il rapporto tra i cittadini americani e l'élite al potere, e il nome è associato
a tentativi di insabbiamento e corruzione. Ancora oggi,
la parola "gate" viene associata a termini che nominano
nuovi affari politici che un funzionario pubblico vuole
insabbiare. A seguito dello scandalo, l'allora Presidente
degli Stati Uniti, Richard Nixon, si dimise nel 1974.

Gli anni Settanta selvaggi

I "selvaggi anni Settanta" sono caratterizzati da programmi televisivi popolari, musica rock e disco, dal
movimento hippie e da stili di moda e di arredamento
eccentrici. Emerge una nuova fiducia in se stessi tra la
popolazione, a favore di uno sviluppo libero e di una
rottura degli schemi abituali.

Nonostante le crisi politiche e la paura del terrore della RAF, i giovani in particolare si sentono liberi e desiderano vivere la loro giovinezza. Era in atto anche una rivoluzione sessuale. Fino agli anni '60, la cultura occidentale era piuttosto prudente, la pelle nuda era considerata scandalosa e l'omosessualità era un tabù. Dopo il movimento del 1968, si affermò il concetto di liberazione sessuale e di amore libero. Anche la pillola contraccettiva, autorizzata in Germania da qualche anno, ha contribuito a questo fenomeno.

1980 - 1990

Lo scandalo dei diari falsificati di Hitler

Nel 1983, la rivista Stern pubblica i diari di Hitler, che in seguito si rivelano essere falsificati dal truffatore Konrad Kujau a seguito di analisi cartacee. Il caporedattore di Stern, Gerd Heidmann, che aveva acquistato i documenti per quasi 10 milioni di marchi e aveva instaurato una stretta relazione con Kujau nel corso degli anni, fu licenziato e dovette scontare una pena detentiva, così come il falsario stesso.

Stern è criticato a livello internazionale per la falsificazione del secolo, soprattutto perché il contenuto dei presunti diari non è molto convincente: Tra le altre cose, ci sono errori di ortografia e dichiarazioni dettagliate sullo stato di salute del Führer.

Il disastro di Chernobyl

L'incidente più devastante mai avvenuto in una centrale nucleare si verifica il 26 aprile 1986 a Chernobyl, in Ucraina, al confine con la Bielorussia. Decine di migliaia di persone morirono a causa degli effetti della nube radioattiva, che si spinse fino all'Europa centrale. Una fusione completa del nucleo si è verificata nell'unità 4 della centrale a causa di un test di sicurezza, e l'esplosione successiva ha inviato materiale radioattivo nell'aria senza controllo. I cosiddetti liquidatori, squadre di soccorso composte da soldati, truppe chimiche speciali, agenti di polizia e vigili del fuoco, infermieri, medici e minatori hanno lavorato per mesi per contenere il disastro con le prime misure di emergenza. Molti di loro non indossavano indumenti protettivi adeguati, la popolazione intorno a Chernobyl fu informata troppo tardi e in seguito dovette sopportare conseguenze fatali.

C'è anche una mancanza di politica di informazione in Germania. A causa delle precipitazioni, la Germania meridionale è particolarmente colpita dalla contaminazione radioattiva e ancora oggi si registra un aumento della radioattività nelle foreste della Baviera e del Baden-Württemberg.

Caduta del Muro di Berlino

Il 9 novembre 1989, il Muro di Berlino cadde e con esso la Cortina di Ferro che aveva separato l'Est dall'Ovest per decenni. Durante questo periodo, quasi 800 persone furono uccise in tutto il Paese mentre cercavano di fuggire attraverso il confine. La rivoluzione pacifica dei cittadini della DDR ebbe successo e portò alla riunificazione dei due Stati tedeschi, dopo che il desiderio di riforme nello Stato autoritario era diventato sempre più forte. La parte più importante di questa rivoluzione pacifica sono le manifestazioni del lunedì, durante le quali le persone protestano contro il controllo statale e l'economia della scarsità in diverse città della DDR.

Inoltre, i cittadini chiedono libertà di parola, libertà di viaggiare e libertà di scelta, che non esistevano nella DDR. La caduta del Muro viene finalmente innescata da Günter Schabowski, che presenta un nuovo regolamento sui viaggi in diretta davanti alla stampa internazionale. C'è stata una rottura nella comunicazione: alla domanda del giornalista di BILD Peter Brinkmann su quando sarebbe entrata in vigore l'autorizzazione a lasciare il Paese in modo permanente,

Schabowski ha risposto con la famosa frase "Per quanto ne so... entrerà in vigore immediatamente, senza ritardi". Dopodiché, non si fermeranno i festeggiamenti al Muro di Berlino e i cittadini della DDR in tutto il Paese potranno recarsi nella Germania Ovest.

Scioglimento della Stasi

Poco dopo la caduta del Muro di Berlino, anche la polizia segreta della DDR, il Ministero per la Sicurezza di Stato, è stato sciolto. In precedenza aveva monitorato e/o imprigionato un certo numero di dissidenti politici con l'aiuto di tecniche di intercettazione all'avanguardia e 90.000 dipendenti a tempo pieno e 110.000 non ufficiali. Nell'autunno del 1989, molti attivisti per i diritti civili arrabbiati, che avevano odiato la Stasi per decenni e si sentivano oppressi da essa, chiesero lo scioglimento del Ministero. Per impedire ai suoi dipendenti di distruggere segretamente prove e file, alcuni di loro occuparono diversi uffici distrettuali e di contea dell'Ufficio per la Sicurezza Nazionale, come la Stasi era stata precedentemente ribattezzata.

Al momento della riunificazione, l'apparato di sorveglianza era stato quasi completamente smantellato e i documenti della Stasi furono salvati. Questi sono ora conservati dal Commissario federale per gli archivi del

Servizio di Sicurezza dello Stato dell'ex Repubblica Democratica Tedesca (BStU).

1990 - 2000

Rilascio di Nelson Mandela

L'11 febbraio 1990, il prigioniero politico Nelson Mandela viene rilasciato dopo 27 anni di detenzione nel carcere sudafricano di Robben Island. Il suo rilascio segna l'inizio del lungo cammino verso la democratizzazione del Paese e, in ultima analisi, la distruzione del sistema di apartheid e della segregazione razziale che aveva dominato il Sudafrica per decenni. Quando Mandela lascia il carcere, la popolazione non solo è felice, ma è anche ansiosa di vedere l'aspetto del combattente per la pace, dal momento che non è stata scattata alcuna foto di lui dopo la sua detenzione.

Una volta libero, Mandela si impegnò immediatamente ad affrontare i problemi politici del Sudafrica, che era quasi in bancarotta e sull'orlo di una guerra civile. Nel 1994 si tennero le prime elezioni libere, Mandela divenne il primo Presidente nero del Sudafrica e il regime razzista dell'apartheid cadde definitivamente.

La riunificazione della Germania

Il 3 ottobre 1990, la RDT si unisce finalmente alla RFT
e quattro decenni di divisione della Germania sono finiti. Dopo la riunificazione, i nuovi Stati federali, che
si trovano sul territorio dell'ex RDT, sono chiamati
Nuovi Stati Federali. Una sfida importante è la conver-
sione dell'economia della Germania Est alle condizioni
dell'economia di mercato dell'Occidente. Inoltre, molte
imprese statali della DDR sono in difficoltà e devono
essere chiuse. Di conseguenza, molti tedeschi dell'Est
hanno perso il lavoro.

Anche la costruzione di una nuova infrastruttura
moderna nell'Est richiede costi e tempo. Bisogna anche
affrontare la dittatura del SED. L'unione tra Est e Ovest
è un processo lungo e non sempre privo di conflitti,
nonostante ciò la riunificazione è un motivo per festeg-
giare. Da allora, il 3 ottobre è un giorno festivo, la Giornata dell'Unità Tedesca.

Il primo mammifero clonato

Il primo mammifero ad essere clonato dagli scienziati
si chiama Dolly ed è una pecora che ha messo in sub-
buglio il mondo. Dolly è nata il 5 luglio 1996 e prende
il nome dalla cantante country americana Dolly Par-
ton. Non ha un padre, ma tre madri. Una pecora ha

donato una cellula del corpo, una seconda ha donato un ovulo e una terza ha agito come madre surrogata che ha portato in grembo Dolly.

Già allora, la clonazione sollevava questioni etiche. Nel 2015, il Parlamento europeo ha deciso di vietare la clonazione degli animali da allevamento all'interno dell'UE. Tuttavia, da allora l'ingegneria genetica si è sviluppata notevolmente e il DNA può essere letto e modificato. Dolly è una pietra miliare della scienza e dimostra che gli esseri umani stanno diventando sempre più creatori senza limiti sotto ogni aspetto. La pecora muore di una malattia polmonare nel 2003.

Violenza di destra

Gli anni '90 hanno visto un aumento degli attacchi dell'estremismo di destra in Germania, molti dei quali sono stati incendi dolosi e omicidi. Dal 1990, anno della riunificazione, ci sono stati almeno 198 morti a causa della violenza di destra. Questi atti sono spesso caratterizzati da spontaneità, alta propensione alla violenza e indiscriminatezza. Il bersaglio è chiunque non sembri un "vero tedesco" e a volte si trova semplicemente nel posto sbagliato nel momento peggiore. Il fatto che le vittime della violenza xenofoba muoiano o meno durante l'attacco è spesso irrilevante per gli autori.

Oltre alle risse, sono frequenti anche gli attacchi incendiari, come quello avvenuto a Solingen nel 1993, in cui furono uccise cinque donne e ragazze. Da allora, ci sono stati ripetuti dibattiti sul fatto che la violenza di destra sia davvero solo un problema marginale o un fenomeno più diffuso.

Con l'aiuto di queste fonti, può dare un'occhiata più da vicino ai temi del XX secolo:

Hawas, James: *La storia più breve della Germania*

Nonn, Christoph: *I secoli XIX e XX*

Nolte, Hans-Heinrich: *Storia mondiale del XX secolo*

Hobsbawm, Eric: *L'età degli estremi*

germanhistory.eu

dhm.de/lemo (Museo vivente online)

"Dem Tom sein Buch!" - Grammatica di base della lingua tedesca

La grammatica della lingua tedesca è considerata una delle più complicate. Soprattutto per le persone che stanno imparando il tedesco, le differenze temporali e le regole grammaticali possono confondere. Ma anche come madrelingua tedesca, a volte non è così facile tenere traccia delle cose. Le seguenti definizioni dovrebbero aiutare.

Sostantivo

I sostantivi, noti anche come parole nominali o nomi, descrivono cose, piante, animali e persone. Si riconoscono dal fatto che sono sempre maiuscoli. Anche i nomi propri sono sostantivi. Le parole che non sono sostantivi, come gli aggettivi, possono diventare sostantivi attraverso la nominalizzazione (ad esempio, bere).

Articolo

Gli articoli si scrivono prima di un sostantivo e vengono utilizzati per riferirsi a persone, cose e situazioni e per indicarne il genere. Si distingue tra articoli definitivi e indefiniti. Gli articoli definitivi sono "der", "die" e "das", mentre gli articoli indefiniti sono "ein" e "eine".

Verbi

I verbi, noti anche come parole temporali o verbum, sono un tipo di parola che esprime un evento o uno stato. I verbi possono essere coniugati, cioè trasformati. Nel dizionario, i verbi sono sempre nell'infinito, noto anche come forma base. Sono composti da un gambo del verbo e dalla desinenza "-en" o "-n". Quando vengono coniugati, cambiano la loro forma e possono fornire informazioni sul tempo, sul numero di persone (singolare o plurale) o sul modo (indicativo o congiuntivo).

Aggettivi

Gli aggettivi sono parole di proprietà, cioè descrivono le caratteristiche dei sostantivi. Vengono utilizzati per caratterizzare attività, esseri viventi, concetti o processi. Gli aggettivi possono essere intensificati (grande - più grande - più grande) e paragonati (non grande come...).

Struttura delle frasi

In tedesco, ogni frase è composta da almeno un soggetto e un predicato. Nelle clausole principali, il soggetto viene per primo, il verbo coniugato per secondo e l'oggetto, cioè un complemento di clausola, per terzo. Questo può essere seguito da una parte del verbo non coniugata.

Soggetto e predicato

All'interno di una frase, il termine soggetto descrive i fatti o la persona su cui viene fatta un'affermazione. Si tratta quindi del soggetto della frase, che nella maggior parte dei casi è un sostantivo. Gli elementi della frase dipendono dal predicato. Dice cosa succede al soggetto della frase o cosa fa. I verbi assumono quindi la funzione del predicato nella frase.

4 casi

Ci sono 4 casi in tedesco, che possono essere tutti richiesti con domande a W. Il soggetto di una frase è sempre nel primo caso, il caso nominativo (Wer oder was?). L'oggetto di una frase può essere nel caso genitivo, dativo o accusativo. Il genitivo è il 2° caso (Chi?), il dativo il 3° caso (Chi?) e l'accusativo il 4° caso (Chi o cosa?). I linguisti hanno osservato che il genitivo viene sempre più sostituito dal dativo. Invece di "La casa del padre", ad esempio, le persone dicono sempre più spesso "La casa del padre". Ecco perché l'uso del genitivo è sempre più associato a un linguaggio più sofisticato, più colto.

I tempi

Mentre in molte lingue il verbo da solo esprime quale sia il tempo utilizzato nella frase, in tedesco le cose sono un po' più complicate. I verbi sono inflessi in modo diverso a seconda del soggetto e della persona, e non tutti i tempi sono utilizzati con la stessa frequenza. La seguente panoramica spiega i sei tempi in tedesco.

Tempo presente - "Io nuoto".

Il tempo presente esprime ciò che sta accadendo in questo momento.

Tempo passato - "Ho nuotato".

Il tempo passato indica che un'azione o una situazione si è svolta nel passato. Viene utilizzato principalmente nel linguaggio scritto e meno frequentemente nel linguaggio parlato.

Perfetto - "Ho nuotato".

Il tempo perfetto viene spesso utilizzato nelle relazioni orali al posto del tempo passato. Descrive che un'azione è avvenuta nel passato ed è stata anche completata nel passato. Di solito c'è una conseguenza associata all'azione, come ad esempio: "Ieri ho nuotato prima di andare in sauna".

Passato perfetto - "Stavo nuotando".

Il tempo passato perfetto, noto anche come tempo passato, descrive anche un'azione che ha già avuto luogo. Di solito viene utilizzato quando un'azione passata viene descritta prima di un'altra azione passata: "Ieri sono andata in sauna, prima sono andata a nuotare".

Tesi futura I: "Nuoterò".

Il primo tempo futuro esprime qualcosa che accadrà. Si tratta di una presunzione o, come nell'esempio, di un'intenzione.

Tesi futura II: "Avrò nuotato".

Il tempo futuro II viene utilizzato per descrivere un'azione futura che sarà completata in un secondo momento: "Poiché voglio rilassarmi adeguatamente nella sauna, avrò già nuotato in precedenza".

Anglicismi

Gli anglicismi sono espressioni che sono state incorporate nel vocabolario tedesco dall'inglese. Molte di esse non possono più essere evitate in una conversazione odierna. Pertanto, ecco un elenco di anglicismi importanti per l'uso quotidiano della lingua.

ASAP (il prima possibile)	Il prima possibile. Utilizzato, ad esempio, quando si richiede un feedback rapido.
Atteggiamento	Impostazione
Consapevolezza	Consapevolezza
Back-up	Copia di backup
Blogger	qualcuno che gestisce un blog
Lavaggio del cervello	Lavaggio del cervello, manipolazione psicologica
Briefing	Breve briefing
smielato	kitsch, sdolcinato
copiare	Affrontare qualcosa, venire a patti con qualcosa.
Non me ne può fregare di meno.	Non potrebbe importarmi di meno. Non me ne può fregare di meno.
Schianto	Crollo, crollo dei prezzi, incidente
Scadenza	Scadenza
Codice di abbigliamento	Codice di abbigliamento / regolamento
Con i piedi per terra	con i piedi per terra, modesto
Osservatore oculare	Un occhio di riguardo

Notizie false	messaggi falsi e manipolati
Aspetti.	Aspetti.
Di fascia alta	lussuoso, costoso, di alta qualità
Come mai?	Come è successo? Perché?
Layout	Design di una pagina
Perdita	Pubblicare informazioni senza autorizzazione
È da tanto che non ci vediamo.	Non ci si vede da molto tempo. Si usa quando si rivede un'altra persona dopo molto tempo.
Colpa mia	colpa mia, usata come scusa
Non c'è da preoccuparsi	un gioco da ragazzi, non difficile
Spingere	portare avanti qualcosa
Classifica	Lista di classificazione
schizzofrenico	inaffidabile, potenzialmente pericoloso, di bassa qualità
Spoiler	informazioni che rovinano il piacere di qualcosa di imminente.
Flusso di lavoro	Flusso di lavoro

| Il caso peggiore | Il caso peggiore che può verificarsi in futuro |

Parole straniere generali

Oltre alle espressioni dell'inglese, ci sono circa 60.000 parole straniere nella nostra lingua. Queste parole sono entrate a far parte del nostro linguaggio quotidiano, ma possono anche essere trovate nei giornali o utilizzate nei dibattiti. Ce ne sono alcune che probabilmente ha sentito qualche volta, ma che non ha mai riconosciuto. Questo elenco contiene alcune delle parole straniere più importanti e il loro significato.

adeguato	adatto, appropriato
colpiti	comportamento artificiale, innaturale
denunciare	tradito, ritratto come negativo
idem	allo stesso modo, allo stesso modo (riferendosi a qualcosa di cui si è parlato in precedenza)
echauffieren	si arrabbia
eloquente	articolato / eloquente
opzionale	qualcosa non è vincolante, lasciato a una libera scelta
filigrana	delicato, fine
frenetico	appassionatamente, con grande entusiasmo

infantile	infantile, bloccato nella fase di sviluppo di un bambino
gioviale	Comportamento benevolo, soprattutto nei confronti delle persone di rango inferiore.
Crollo	attacco improvviso di debolezza, collasso
Connotazione	Riferimento, significato secondario di un'espressione
confiscare	sequestrare, confiscare
lamento	si lamenta molto (valutazione negativa)
sintetico	breve e conciso, senza abbellimenti ma al punto.
obsoleto	obsoleto, non più necessario, superato
pedante	meschino, eccessivamente preciso
pittoresco	pittoresco, come se fosse dipinto
post-fattuale	Emotivo, non obiettivo, basato sui sentimenti e non sui fatti.
ridondante	multipli, superflui (ad esempio, in relazione a un discorso)

avere successo	avere successo in qualcosa, essere riconosciuto
Status quo	lo stato attuale di una cosa
suggerire	suggerire in modo subliminale, creare una certa impressione che non è basata sui fatti.
successivamente	passo dopo passo, poco dopo poco
Tabula rasa	qualcosa che non è predeterminato da nulla, stato originale di qualcosa
tendenziale	seguendo una direzione/tendenza generale (ad esempio, qualcosa tende ad aumentare).
Tropo	un'espressione usata in senso figurato, la visualizzazione
virtuoso	magistrale, in possesso di un'abilità perfezionata
Cinico	deridere, ignorare sconsideratamente

Linguaggio educativo, linguaggio tecnico e linguaggio colloquiale

All'interno del tedesco, si fa una distinzione tra diversi tipi di linguaggio. Il linguaggio educativo, il linguaggio tecnico e il linguaggio colloquiale si differenziano l'uno dall'altro per le situazioni in cui vengono preferibilmente utilizzati e anche per la diversa complessità linguistica. Il linguaggio colloquiale è il tipo di linguaggio che viene utilizzato nelle interazioni quotidiane. Questo linguaggio è caratterizzato in larga misura dalla regione da cui proviene il parlante e dal dialetto che possiede, dal suo background sociologico e dalle circostanze specifiche del gruppo nella situazione in cui si parla. L'espressione del linguaggio colloquiale è generalmente sciolta e poco curata, la grammatica corretta viene talvolta trascurata e si utilizza il gergo.

Al contrario, il linguaggio educativo è caratterizzato dal fatto che corrisponde in gran parte al linguaggio scritto. Chi si orienta verso il linguaggio educativo utilizza strutture di frasi più complesse e un'alta densità di informazioni, il che significa che le frasi sono relativamente lunghe e contorte. Si evitano lo slang e le abbreviazioni; invece, i fatti vengono presentati in modo compatto e corretto. Il linguaggio educativo è importante per il successo a scuola, all'università e sul lavoro, in quanto ci permette di esprimerci in modo più concreto e di essere percepiti come istruiti più rapidamente.

Il linguaggio specialistico è un linguaggio orientato a un'area tematica specifica e quindi utilizza espressioni tipiche di quest'area. Come il linguaggio educativo, va anche oltre il normale linguaggio quotidiano. Chi utilizza termini tecnici di un settore particolare, come la fisica o la linguistica, fa capire immediatamente che ha un certo livello di competenza in questa materia. Una parola può essere usata nel linguaggio quotidiano e avere un significato diverso o esteso nel contesto di un campo specializzato. Ad esempio, la parola "semantica" significa "significato o contenuto di un'affermazione" nel linguaggio quotidiano; nella linguistica, la semantica è un'intera sottoarea dedicata ai significati dei segni linguistici e alla loro composizione.

Linguaggio colloquiale	Linguaggio educativo	Linguaggio tecnico
Oggi è un po' nuvoloso.	Sono previste nuvole nel corso della giornata.	Le nubi cumulo si formano per convezione, mentre le nubi stratus si formano per avvezione.

Lingue del mondo

Il nostro mondo è pieno di lingue diverse e affascinanti, che ci permettono di comunicare con gli altri quotidianamente. L'europeo medio parla due lingue. E lei?

Inglese

L'inglese è la lingua più parlata al mondo. In quanto lingua globale, viene insegnata come prima lingua straniera in molte scuole ed è la lingua ufficiale nella maggior parte delle organizzazioni internazionali. Al giorno d'oggi, in molti settori non si può più fare a meno di conoscere l'inglese, e spesso è necessario saper almeno leggere la lingua per lo studio e il lavoro.

Perché l'inglese è diventato la lingua del mondo e non lo spagnolo o il cinese? La ragione risiede nell'espansione dell'Impero Britannico, che è stato uno dei primi imperi a iniziare ad attraversare i mari e a conquistare terre straniere. Così facendo, gli inglesi hanno diffuso la loro lingua in tutto il mondo. Aiuta anche il fatto che la grammatica dell'inglese è relativamente semplice e può essere appresa rapidamente. Ci sono circa 340 milioni di madrelingua inglesi e si stima che ci siano 1,75 miliardi di parlanti in tutto il mondo.

Mandarino

Il mandarino, noto anche come cinese standard, è un dialetto del cinese e la lingua con il maggior numero di madrelingua in tutto il mondo. L'alto cinese è equivalente all'alto tedesco in Germania. La storia del mandarino è relativamente breve, poiché è più o meno una lingua inventata. Basato sul dialetto settentrionale della Cina, il mandarino è stato introdotto dalla "Repubblica Popolare Cinese" negli anni '30 come lingua nazionale ufficiale. Poiché il partito si è poi trasferito a Taiwan, il mandarino è la lingua ufficiale anche lì. Soprattutto nel commercio internazionale e nel mondo degli affari, il mandarino sta diventando sempre più lo standard e sta acquisendo sempre più importanza.

Hindi

L'hindi è la lingua ufficiale dell'India ed è utilizzata da quasi 400 milioni di madrelingua, oltre a circa 155 milioni di persone per le quali è una seconda lingua. Sebbene in India esistano diverse centinaia di lingue diverse, tra cui 22 lingue ufficiali, l'hindi è chiaramente la più importante. Dopo la liberazione del potere coloniale inglese in India, l'hindi è diventato uguale all'inglese dopo che il governo ha standardizzato la grammatica e l'ortografia.

L'hindi deriva in gran parte dall'antica lingua indiana sanscrita, che per gli indiani è importante quanto il latino per gli europei. Nel corso dei millenni, l'hindi è stato influenzato da molte altre lingue, come l'arabo e il persiano, ed è anche lontanamente imparentato con lingue europee come il tedesco. Infatti, ci sono anche parole in tedesco che provengono originariamente dall'hindi, come bungalow, curry, giungla, zenzero, mango o pigiama.

Spagnolo

Lo spagnolo è parlato in molti Paesi, tra cui Spagna, Messico, Perù, Argentina e Colombia, e conta circa 450 milioni di madrelingua. È la seconda lingua madre più parlata dopo il mandarino e la seconda lingua più parlata al mondo dopo l'inglese.

La diffusione della lingua spagnola, come l'inglese, ha molto a che fare con il colonialismo, ed è per questo che è la lingua nativa più comune nel doppio continente americano. Solo negli Stati Uniti, oltre il 10% della popolazione parla spagnolo. Poiché la grammatica spagnola è relativamente semplice, lo spagnolo è anche una seconda lingua popolare e viene offerto come materia in molte scuole in Germania. Oltre 21 milioni di persone imparano lo spagnolo come lingua straniera.

Francese

Il francese è la lingua ufficiale in 39 Paesi e ci sono quasi 100 milioni di madrelingua in tutto il mondo. Il francese ha un'area di distribuzione molto ampia: oltre alla Francia, alla Svizzera, al Canada, al Lussemburgo e al Belgio, è parlato anche in parti dei Caraibi, dell'Africa, dell'Oceania e nelle isole dell'Oceano Indiano. Il numero di parlanti è cresciuto soprattutto dopo il XVII secolo, quando i colonizzatori hanno portato la lingua in molte parti del mondo e in Europa è diventata la lingua della nobiltà e delle persone istruite. Oggi, si prevede che il francese sia ancora in forte crescita. I linguisti stimano che entro il 2050, circa il 7% della popolazione mondiale, ossia oltre 600 milioni di persone, parlerà francese, soprattutto perché le regioni africane stanno registrando un'elevata crescita demografica.

Che cos'è il linguaggio dei segni?

A differenza delle lingue presentate finora, la lingua dei segni è una forma di linguaggio visivo che viene utilizzata in tutto il mondo. Le persone sorde e ipoudenti utilizzano la lingua dei segni per comunicare, ma sempre più persone udenti la stanno imparando. Non tutte le persone audiolese sono in grado di leggere le labbra, in quanto è estremamente difficile e soprattutto faticoso.

Oltre ai gesti, le espressioni facciali e i movimenti della bocca sono importanti quando si firma, ogni segno rappresenta un'espressione diversa e c'è anche una grammatica specifica all'interno della lingua. Contrariamente a quanto si crede, la lingua dei segni non è universale, quindi non esiste una sola lingua dei segni, ma ogni Paese ha la sua. Esistono anche differenze regionali, ossia dialetti all'interno della lingua dei segni. La DGS, Lingua dei Segni Tedesca, è riconosciuta ufficialmente dal 2002. Il linguaggio dei segni è stato vietato per diversi secoli, poiché si riteneva erroneamente che avrebbe reso impossibile l'accesso al mondo degli udenti. Alle persone venivano persino legate le mani per impedire loro di firmare. Fortunatamente, questo è ormai storia. Ai bambini sordi viene insegnata la lingua dei segni fin dalla più tenera età, ci sono sempre più interpreti e c'è una forte coesione all'interno della comunità sorda. Oggi è possibile per le persone sorde studiare, lavorare o partecipare a eventi culturali come il teatro dei segni e interagire con il mondo degli udenti.

Con queste fonti può trovare informazioni sull'apprendimento delle lingue, sulle lingue straniere e molto altro ancora:

Il piccolo dizionario: *Parole straniere*

lingoda.com

my-german-book.com

deutschlernerblog.de

geo.de/geolino/lingua dei segni

wortwuchs.de/Anglicismo

euliteracy.com/educational-language

PARTE 4: TECNOLOGIA E PROGRESSO

Stampa tipografica

Johannes Gutenberg è stato l'inventore della stampa tipografica, la rivoluzionaria tecnologia di stampa che ha conquistato tutta l'Europa e ha cambiato in modo significativo la vita politica e quotidiana? Non proprio. Il vero inventore della stampa a caratteri mobili fu il cinese Bi Sheng. Già nel 1040, egli produceva timbri di caratteri che potevano essere utilizzati per comporre testi. Tuttavia, il metodo cinese non prese mai piede in Europa a causa delle differenze fondamentali tra gli alfabeti cinese ed europeo.

Quando gli artigiani europei impararono a conoscere il metodo cinese della xilografia nel XIV secolo, iniziarono a ideare processi simili. Nel 1450, era arrivato il momento: Johannes Gensfleisch di Magonza, noto come Gutenberg, sviluppò le lettere in piombo utilizzando un dispositivo di fusione a mano e una pressa da stampa in cui potevano essere fissate le lastre di stampa. Prima della stampa tipografica, i libri venivano scritti a mano, soprattutto le Bibbie artistiche, che potevano richiedere 20 anni per essere prodotte. L'invenzione di Gutenberg accelerò enormemente questo processo. Oltre alla Bibbia di Gutenberg, i primi prodotti furono le lettere di indulgenza della Chiesa, che i credenti acquistavano nella speranza di essere liberati dai loro peccati.

In effetti, l'invenzione di Gutenberg annunciò una nuova era. Grazie al gran numero di prodotti stampati, sempre più persone impararono a leggere e scrivere, le rivoluzioni politiche furono lanciate con pamphlet e volantini e la conoscenza si diffuse a rotta di collo. La rivoluzione dei media alimentò anche il Rinascimento ed ebbe un'influenza importante sulla Riforma: la visione di Martin Lutero, secondo cui ogni contadino doveva essere in grado di comprendere la parola di Dio, fu resa possibile dalla stampa.

Industrializzazione

Un altro progresso tecnologico nella storia ha cambiato drasticamente la vita di tutte le persone: l'industrializzazione. Senza di essa, probabilmente le nostre vite non sarebbero così confortevoli come lo sono oggi, ma è anche responsabile dei danni al clima e dello sfruttamento.

L'industrializzazione è iniziata in Inghilterra con l'invenzione del motore a vapore, inventato e poi ulteriormente sviluppato da James Watt alla fine del XVIII secolo. Un numero sempre maggiore di macchine sollevò le persone dal lavoro manuale e rese possibile la produzione di un gran numero di prodotti. I beni non venivano più prodotti in un unico pezzo, ma in singole parti, alcune delle quali venivano prodotte in luoghi diversi. La produzione tessile, in particolare, accelerata dall'invenzione del 'filatoio', la prima macchina per filare, dominava il mercato e aveva vendite elevate tra la popolazione. Il Paese sviluppò rapidamente un ampio mercato interno e un sistema fiscale regolamentato, e la crescita della popolazione fece sì che non ci fosse carenza di manodopera. Grazie alle reti ferroviarie in costante espansione, i beni prodotti alla catena di montaggio potevano essere trasportati molto rapidamente all'interno del Paese, e furono sviluppati anche i porti per promuovere il commercio internazionale.

L'industrializzazione prese piede anche in Germania a partire dal 1840, aprendo la strada a una moderna società industriale. L'agricoltura passò sempre più in secondo piano, mentre il commercio, l'artigianato e i trasporti furono i principali motori della crescita economica. Il cambiamento sociale fu che il capitalismo industriale creò una solida società di classe nel giro di pochi anni. La borghesia si divise sempre più tra i potenti grandi industriali e il povero proletariato, la classe operaia. Mentre le città continuavano a crescere, le loro infrastrutture diventavano più complesse e la modernizzazione prendeva piede in quasi tutti i settori della vita, allo stesso tempo migliaia di persone abbandonavano l'economia agricola e diventavano ingranaggi delle grandi opere industriali.

Durante il periodo di forte industrializzazione dopo il 1870, le aree intorno a Berlino e alla Ruhr in particolare divennero economicamente importanti e contribuirono a fare della Germania il pioniere della rivoluzione industriale in Europa. La produzione di ferro, acciaio e tessuti, così come l'industria chimica ed elettrica, si rivelarono centrali. Sebbene anche l'agricoltura abbia subito un'industrializzazione, perché nei campi si utilizzavano macchinari e fertilizzanti moderni, non era in grado di competere con la ripresa economica degli altri settori.

Le tradizionali aziende familiari furono sostituite da fabbriche e società e i grandi industriali acquisirono influenza in politica. Alla fine del XIX secolo, la società tedesca era anche più "giovane" che mai, poiché il tasso di mortalità infantile tra la classe operaia diminuì e molti bambini e giovani si riversarono nelle grandi città. I bambini di 14 anni iniziarono a lavorare nelle fabbriche e a guadagnare denaro per le loro famiglie, anche se questo divenne meno comune all'inizio del XX secolo.

Da questi sviluppi, la Germania è diventata una delle maggiori nazioni industrializzate e si è fatta un nome in tutto il mondo con prodotti di alta qualità e innovazioni economiche. Tuttavia, le critiche alla società industriale moderna e alle conseguenze dell'industrializzazione sono ripetute. Le centrali elettriche e gli impianti industriali emettono molta anidride carbonica nociva e contribuiscono in modo significativo al riscaldamento globale, mentre la combustione di petrolio, carbone e gas naturale produce anche pericolosi ossidi di azoto. Anche gli inquinanti atmosferici, come il particolato e l'ammoniaca o i rifiuti industriali tossici, gravano pesantemente sull'ambiente. In molti Paesi, la manodopera a basso costo viene sfruttata e costretta a lavorare in condizioni catastrofiche.

Transizione energetica

Oggi, l'attenzione si concentra sempre di più sulla generazione di energia rinnovabile e sostenibile, anziché sulle dannose fonti di energia fossile o sull'energia nucleare - anche perché, dopo l'industrializzazione, fa sempre più caldo. Le energie rinnovabili sono quelle che provengono da fonti rigenerative e possono garantire una fornitura permanente di elettricità e calore.

Dagli anni '80, i politici sono sempre più favorevoli a ridurre la percentuale di fonti energetiche come il carbone, il gas naturale, il petrolio e l'energia nucleare.

Tuttavia, gli ambientalisti criticano da anni le misure politiche, in quanto gli obiettivi climatici della Germania non vengono attuati affatto o solo lentamente. Un ruolo importante è svolto dall'economia, che ostacola ripetutamente le richieste di neutralità climatica e di una completa transizione energetica. Per evitare di esaurire ulteriormente il pianeta, è essenziale che tutti si uniscano davvero. Nell'ambito della transizione energetica, l'energia dovrebbe essere generata, utilizzata e trasportata in modo più efficiente, il consumo energetico dovrebbe essere generalmente ridotto e si dovrebbero richiedere le energie rinnovabili.

Protezione del clima

L'interesse sociale per la protezione del clima è cresciuto, soprattutto a partire dagli anni 2010. Gli avvertimenti degli scienziati e degli esperti vengono ascoltati e molte persone stanno riconsiderando i loro atteggiamenti. Questo perché la temperatura media globale è in continuo aumento, soprattutto dopo l'industrializzazione, il che si riflette già in fenomeni meteorologici estremi e nell'estinzione di specie.

I gas serra, ossia i gas che agiscono come il vetro di una serra, sono un problema importante: lasciano entrare il calore del sole ma impediscono che venga irradiato nello spazio. La maggior parte di questi gas fa parte dell'atmosfera terrestre, ma la loro concentrazione sta aumentando drasticamente a causa dell'influenza umana. Le concentrazioni più pericolose sono quelle di anidride carbonica, metano e protossido di azoto. Secondo gli esperti, la CO2 in particolare, cioè l'anidride carbonica, è responsabile di oltre il 60% del riscaldamento globale. La concentrazione del gas oggi è superiore di quasi il 40% rispetto a prima dell'industrializzazione.

Inoltre, le foreste del mondo vengono disboscate, liberando il carbonio immagazzinato negli alberi. Anche l'espansione dell'allevamento di bestiame è dannosa, in quanto gli animali come i bovini e le pecore producono grandi quantità di metano durante la digestione.

Le conseguenze sono devastanti. Le estati in Germania sono sempre più calde e il livello del mare in tutto il mondo è aumentato di quasi 19 cm dal 1850. Gli ecosistemi di tutto il mondo stanno soffrendo per le conseguenze del cambiamento climatico, le barriere coralline sono in pericolo e la situazione sta diventando sempre più scomoda anche per noi umani. Gli esperti ipotizzano che in futuro ci saranno i primi rifugiati climatici, che si sposteranno verso nord a causa del clima estremo o della scarsità d'acqua.

Per risparmiare a questa e alle future generazioni un futuro così cupo, a livello europeo sono stati fissati obiettivi vincolanti in materia di clima ed energia. Il riscaldamento globale deve essere mantenuto al di sotto dei 2 gradi Celsius per evitare cambiamenti catastrofici. Allo stesso tempo, molti cittadini si stanno impegnando per ridurre il loro impatto sul clima, apportando piccoli cambiamenti quotidiani, come l'utilizzo dei trasporti pubblici o un'alimentazione più vegetariana/vegana. Proteste come quelle organizzate dal movimento "Fridays for Future", lanciato dalla giovane attivista Greta Thunberg, dimostrano che soprattutto le generazioni più giovani sono consapevoli dell'imminente catastrofe climatica.

Eliminazione del carbone

Quando si parla di protezione del clima, l'estrazione della lignite, dannosa per l'ambiente, è un argomento di discussione ricorrente. Distrugge il paesaggio, provoca emissioni tossiche e allontana le persone dalle loro case. La cosa più dannosa sono le altissime emissioni di CO2 del combustibile, che contribuiscono al riscaldamento globale, mentre anche i fiumi sono fortemente inquinati. Quasi il 40% dell'elettricità tedesca è prodotta da centrali elettriche alimentate a lignite e carbone fossile. Inoltre, intere regioni e villaggi vengono spesso trasferiti per rendere più facile l'estrazione del carbone.

L'abbandono del carbone è quindi urgente, ma per molti procede ancora troppo lentamente. I requisiti per le centrali elettriche a carbone, che prevedono che gli inquinanti vengano almeno filtrati meglio dai gas di scarico delle centrali, non vengono sempre rispettati in modo adeguato. Aria inquinata, paesaggi distrutti, gas a effetto serra: per molti, la produzione di energia elettrica a carbone dovrebbe appartenere al passato da anni.

Eliminazione del nucleare

Le proteste contro le centrali nucleari sono iniziate già negli anni '70, ma solo nel giugno 2011, pochi mesi dopo il devastante disastro nucleare di Fukushima, il Governo tedesco ha deciso di eliminare gradualmente l'energia nucleare. L'eliminazione completa è prevista per il 2022. In Italia, tutte le centrali nucleari sono state chiuse nel 1987, mentre la Francia genera ancora quasi il 75% della sua elettricità dall'energia nucleare. Sebbene esistano elevati standard di sicurezza per le centrali nucleari, i test dimostrano che soprattutto le vecchie centrali presentano dei difetti e anche i programmi di retrofitting non sono sempre efficaci.

Gli oppositori dell'energia nucleare sottolineano ripetutamente che l'uso di una fonte di energia così pericolosa non solo è dannoso per l'ambiente, ma in definitiva non vale il rischio di ulteriori disastri simili a Fukushima o Chernobyl. I costi dello smantellamento e dello smaltimento delle scorie radioattive devono essere sostenuti dagli stessi gestori delle centrali, sebbene il Governo federale stia ora condividendo anche la responsabilità dello stoccaggio provvisorio e finale delle migliaia di tonnellate di scorie nucleari prodotte ogni anno.

Non esiste ancora un deposito definitivo per questi rifiuti, e la ricerca di un luogo in cui i rifiuti altamente pericolosi possano essere conservati in modo sicuro per un periodo di tempo imprevedibile è stata difficile per anni. Una delle maggiori preoccupazioni è che le acque sotterranee possano essere avvelenate. L'abbandono del nucleare interesserà molto probabilmente diverse generazioni a venire.

Energie rinnovabili

Quasi tutti gli esperti concordano sul fatto che le energie rinnovabili sono il futuro. Le fonti energetiche rinnovabili possono essere utilizzate quasi inesauribilmente dall'uomo o possono essere rinnovate così rapidamente che l'uso ripetuto non causa alcun danno. Questo le rende l'elemento base della politica energetica sostenibile e della transizione energetica. Le diverse energie rinnovabili ottengono la loro energia in modi diversi: attraverso la potenza del sole, l'energia cinetica della rotazione terrestre o il calore dell'interno della terra.

Energia solare

L'energia solare sfrutta l'energia del sole, la cui radiazione elettromagnetica raggiunge la superficie terrestre dove può essere utilizzata per scopi tecnici. Il sole è una fonte di energia quasi infinita, in quanto emette un'energia di radiazione quasi costante e non ci sono quasi fluttuazioni. L'energia può essere convertita direttamente in elettricità o calore e viene catturata da celle solari in sistemi fotovoltaici, collettori solari o centrali solari termiche.

Le celle solari, che convertono i raggi solari direttamente in corrente continua che può essere utilizzata immediatamente per alimentare apparecchi elettrici o immagazzinata in batterie, sono considerate i pionieri dell'energia solare. Immagazzinare l'energia solare quando il sole non splende è una sfida. Tuttavia, le tecnologie in questa direzione si stanno sviluppando da anni con un grande potenziale.

Energia idroelettrica

L'energia idroelettrica è anche una fonte di energia inesauribile, rinnovabile e orientata al futuro. Già prima dell'era industriale, veniva utilizzata per azionare segherie e mulini, il cui principio di funzionamento è utilizzato ancora oggi. L'energia cinetica di un flusso d'acqua viene convertita in energia meccanica di rotazione attraverso una turbina, che a sua volta può azionare macchine o generatori.

In Germania, l'energia idroelettrica viene utilizzata principalmente per generare elettricità, con le regioni meridionali del Paese che favoriscono in modo particolare questa forma di generazione di energia, grazie alle pendenze delle colline alpine. Mentre le centrali elettriche ad acqua fluente sfruttano il flusso di un fiume o di un canale, le centrali elettriche ad accumulo traggono energia da pendenze elevate e dalla capacità di accumulo delle dighe e dei laghi di montagna, con le turbine delle centrali elettriche a diga situate ai piedi di un muro di sbarramento. C'è un potenziale di espansione per le piccole centrali idroelettriche, che funzionano come le centrali idroelettriche ad acqua fluente, ma di solito hanno una produzione inferiore a causa della loro posizione.

Energia eolica

Per anni, le turbine eoliche sono state utilizzate nel tentativo di sfruttare l'enorme potenziale delle diverse condizioni di pressione dell'aria sulla superficie terrestre. Le turbine moderne non si basano sul principio di resistenza, ma su quello di portanza. Il vento fornisce una portanza alle pale delle turbine eoliche, che le fa ruotare e quindi generare energia. Anche l'energia eolica offshore, ossia i parchi eolici situati in mare aperto, è sempre più favorita. Una sfida in questo caso è la protezione dell'ambiente e la conservazione del paesaggio lungo le coste del Mare del Nord e del Mar Baltico, due punti citati dagli oppositori dei parchi eolici.

Tuttavia, l'uso dell'energia eolica in mare è considerato una promettente fonte di energia rinnovabile per il futuro; nel 2020, oltre 1.5000 turbine eoliche offshore erano in funzione per generare elettricità.

Rivoluzione digitale

L'ascesa fulminea della tecnologia digitale e dei computer nel 20° secolo ha innescato una rivoluzione digitale che oggi ci riguarda in quasi tutti i settori della vita. Come nel caso della rivoluzione industriale, le possibilità digitali stanno cambiando il mondo del lavoro e degli affari, la sfera pubblica, le strutture sociali e la vita privata a una velocità impressionante. Ecco perché la rivoluzione digitale viene spesso definita come il terzo grande sconvolgimento della storia umana, dopo la rivoluzione neolitica e quella industriale.

Internet

Soprattutto nel mondo occidentale, la vita senza Internet è quasi inimmaginabile. Influenza il nostro comportamento comunicativo e la nostra cultura linguistica, offre nuovi posti di lavoro, ma anche potenziali punti di pericolo. Mentre agli inizi, a metà e alla fine del XX secolo, Internet era qualcosa di riservato ai nerd o al personale universitario, oggi quasi tutti lo usano.

Alcuni fatti che illustrano la portata della diffusione di Internet e la sua influenza sulla vita quotidiana: Oltre 60 milioni di persone di età superiore ai 14 anni hanno accesso a Internet in Germania, e ognuno di loro trascorre in media 165 minuti online al giorno. Questo è dovuto principalmente alla natura multifunzionale di Internet - entrare o rimanere in contatto con gli altri, controllare il meteo, acquistare biglietti del treno, guardare film, imparare una lingua - Internet rende possibile tutto questo e molto altro. Le generazioni più giovani, in particolare, sembrano fare affidamento sulle piattaforme di social media come Instagram, Facebook e YouTube.

Mentre alcuni temono che questo sviluppo sposti sempre più i contatti interpersonali su Internet, altri sostengono che la rete globale di Internet offre molte opportunità di conoscere nuove persone e culture.

Software e hardware

Una differenza che forse non tutti conoscono: la parola "software" si riferisce a componenti digitali non fisici. Sono responsabili del funzionamento del sistema e dell'elaborazione delle informazioni all'interno di un computer e vengono installati o disinstallati, il che significa che sono facili da cambiare. Al giorno d'oggi, anche gli elettrodomestici, come i frigoriferi o le lavatrici, sono gestiti da un software. A differenza del software, l'hardware può essere toccato ed è quindi il componente fisico di un computer. Si tratta, ad esempio, di dischi rigidi, dispositivi di input come mouse e tastiera, RAM o schermi. Hardware e software lavorano sempre insieme; uno non può funzionare senza l'altro.

Silicon Valley

La Silicon Valley, una regione vicino a San Francisco, nel nord della California, è considerata il centro tecnologico più importante del mondo. Qui hanno sede importanti aziende come quelle di Google, eBay, Adobe e

PayPal. La parola "silicio" si riferisce al gran numero di queste aziende e di altre attività industriali che producono computer in questa zona. Il silicio è un elemento chimico essenziale per la produzione di componenti informatici. Dagli anni '50, quando fu costruita l'area industriale e di ricerca Stanford Industrial Park, la regione si è trasformata in una mecca per l'industria informatica e high-tech. La Silicon Valley è ora spesso utilizzata per indicare l'industria elettronica e informatica in generale.

Criptovaluta

La digitalizzazione non si ferma all'economia e alla valuta. La criptovaluta è un'alternativa alla valuta tradizionale che consente transazioni di pagamento senza contanti su Internet. Il sistema alla base di queste transazioni si chiama blockchain. Negli ultimi anni, il Bitcoin in particolare ha fatto notizia, ma esiste anche un'intera gamma di altre valute come Ether, Tether, Ripple e Polkadot. Poiché le criptovalute dipendono fortemente dall'offerta e dalla domanda, si verificano spesso fluttuazioni di prezzo. Investire in esse è quindi considerato particolarmente rischioso, ma con abilità e un po' di fortuna può anche portare a grandi profitti.

Realtà virtuale

La realtà virtuale (VR) può essere utilizzata per dare vita a interi mondi digitali. Vengono utilizzati hardware e software speciali per creare una realtà artificiale che può andare da un volo simulato a un mondo di fantasia colorato. Chi non ha ancora sperimentato la tecnologia in prima persona, troverà difficile immaginare la sensazione della VR. Il nostro cervello si confonde quando ci immergiamo nel mondo virtuale - anche se sappiamo che gli oggetti che vediamo non sono realmente davanti a noi, li vediamo come oggetti reali e vogliamo automaticamente interagire con loro come faremmo nel mondo reale.

Gli occhiali VR da indossare creano un'illusione quasi perfetta con display ad alta risoluzione e un sistema di sensori accoppiati per rilevare la posizione della testa. I controller consentono poi di muoversi e agire nel mondo con la semplice pressione di un pulsante, anche se solo in misura limitata. Gli esperti del settore tecnologico sono certi che la tecnologia VR cambierà il modo in cui consumiamo i media nei prossimi anni. Non c'è da stupirsi, visto che basta un piccolo investimento per scalare il Monte Everest o per tornare virtualmente all'Età della Pietra nel proprio salotto.

Sicurezza dei dati

Poiché al giorno d'oggi è così facile inviare grandi quantità di dati avanti e indietro nel mondo e la tentazione di mettere tutta la vita online è così grande, c'è una crescente paura per la sicurezza dei dati di tutti. Esiste una varietà di misure tecniche per la sicurezza dei dati che proteggono tutti i tipi di dati. Un principio guida importante è la riservatezza, che significa che i dati possono essere consultati solo dalle persone autorizzate. Anche l'integrità è importante, ossia i dati non devono essere manipolati. Anche la disponibilità è un aspetto importante. Ciò significa che i dati esistenti possono essere utilizzati quando servono, nonostante siano protetti.

Crimine informatico

Il crimine informatico, in particolare, sottolinea quanto sia importante e necessaria la sicurezza dei dati. Il crimine informatico si riferisce ai reati che coinvolgono le infrastrutture elettroniche e/o le tecnologie Internet. Si tratta di un fenomeno globale che, in linea di principio, può avvenire ovunque si utilizzino smartphone, computer e altri dispositivi informatici. Altri termini utilizzati in relazione al crimine informatico sono spionaggio informatico e terrorismo informatico.

Oltre al fatto che gli autori possono nascondersi ovunque nel mondo, un altro problema è che possono coprire le loro tracce con relativa facilità e stanno diventando sempre più professionali. Vengono rubati dati di account e password, vengono effettuati attacchi a imprese commerciali o a infrastrutture, si ricatta digitalmente, si organizza il gioco d'azzardo illegale, si vendono sostanze pericolose, si condivide materiale pedopornografico o si molestano sessualmente i bambini via internet, nel cosiddetto cyber-grooming. L'elenco dei potenziali reati (e degli autori) è lungo. In Germania, l'Ufficio Federale di Polizia Criminale è responsabile di queste attività, mentre le indagini internazionali sono spesso condotte dal Centro Europeo per il Cybercrime o dall'Interpol.

Algoritmi

La parola algoritmo viene citata più volte nel contesto della sicurezza dei dati. Un algoritmo è fondamentalmente sempre una procedura che deve portare alla soluzione di un problema. Il piano di soluzione viene poi elaborato in singole fasi e convertito in dati di output. Un esempio semplice: se si deve calcolare l'indice di massa corporea (BMI) di una persona, i dati della persona, ossia peso e altezza, vengono inseriti in una formula, che a sua volta fornisce il BMI calcolato come output. Gli algoritmi vengono utilizzati in diversi modi nella società moderna: ci aiutano a trovare i partner adatti negli appuntamenti online, ci affrontano come avversari virtuali nelle partite di scacchi online o ci indicano il percorso più breve per raggiungere la nostra destinazione utilizzando i navigatori satellitari.

Una critica è che gli algoritmi analizzano anche il nostro comportamento e possono persino influenzarci. Anche se decidiamo da soli se cliccare su un annuncio pubblicitario su una piattaforma di social media, ad esempio, il fatto che ci venga mostrato questo annuncio è dovuto all'algoritmo del sito. Questo algoritmo ha precedentemente calcolato la probabilità che vogliamo vedere l'annuncio. Questo è il modo in cui il nostro comportamento è controllato a livello subconscio.

Sotto molti aspetti, gli algoritmi - come la maggior parte delle cose digitali - sono sia una benedizione che una maledizione.

Intelligenza artificiale

Parallelamente alla digitalizzazione, anche la ricerca sull'intelligenza artificiale (AI in breve) si sta sviluppando in vari settori. Gli esperti sono certi che diventerà sempre più diffusa e sofisticata nei prossimi decenni. Mentre alcuni sostengono che l'AI potrebbe diventare pericolosa in un futuro lontano o prossimo e persino minacciare l'umanità, altri sono meno preoccupati di un'acquisizione fantascientifica da parte dei robot, ma vedono l'intelligenza artificiale come un importante e inevitabile progresso tecnologico con un grande potenziale.

IA forte e debole

Viene fatta una distinzione di base tra AI forte e debole. L'IA debole comprende i sistemi che si concentrano su problemi applicativi specifici e la cui risoluzione dei problemi si basa su metodi matematici o informatici. Una volta che il sistema è stato sviluppato e ottimizzato specificamente per un requisito, può ottimizzare se stesso. Tuttavia, i sistemi non acquisiscono una comprensione più profonda della soluzione del problema, ma rimangono fedeli ai loro approcci familiari. L'approccio basato sulle regole impedisce all'AI debole di avvicinarsi al livello del cervello umano. Per questo motivo, viene utilizzato principalmente nella vita quotidiana. Sistemi come il riconoscimento vocale e delle immagini, la traduzione automatica, i sistemi di navigazione, la correzione automatica, la pubblicità personalizzata o i suggerimenti di correzione per i processi di ricerca sono esempi di intelligenza artificiale debole che utilizziamo ogni giorno. I grandi produttori di software come Apple, IBM e Google li sviluppano costantemente, ad esempio per semplificare i processi di assistenza clienti o di contabilità. Anche il riconoscimento vocale e la traduzione in tempo reale diventeranno molto probabilmente standard nei prossimi anni. L'AI debole viene quindi sviluppata dagli esseri umani per gli esseri umani ed è specializzata in determinate aree.

L'IA forte, invece, eguaglia o addirittura supera l'intelligenza umana. Agisce in base alla propria motivazione e può ampliare in modo indipendente le regole che ha appreso. Ad oggi, non è ancora stato possibile creare un'intelligenza di questo tipo e c'è un dibattito fondamentale sulla possibilità di farlo. Una macchina più intelligente del suo creatore? Tuttavia, esiste un consenso sulle caratteristiche che una tale superintelligenza dovrebbe avere per essere riconosciuta come tale: La capacità di prendere decisioni, pianificare e imparare, pensare in modo logico, comunicare in linguaggio naturale ed essere in grado di utilizzare tutte queste abilità insieme per raggiungere un obiettivo generale. Rimane poco chiaro se questo potere della superintelligenza porti anche al tipo di coscienza che abbiamo come esseri umani.

Da anni si discute se un certo grado di intellettualità in una macchina sia legato anche alla conoscenza di sé, alla memoria, alla maturità e all'empatia. Per i prossimi 20-40 anni, tuttavia, probabilmente non dovremo preoccuparci se una macchina conquisterà spietatamente il mondo nella realtà.

Test di Turing

Il test di Turing può essere utilizzato per scoprire se un sistema intelligente può essere paragonato all'intelletto di un essere umano. Prende il nome da Alan Turing, uno scienziato e genio matematico che, tra le altre cose, durante la Seconda Guerra Mondiale sviluppò dei modelli che aiutarono a decifrare i codici dei messaggi radio tedeschi. Fu anche determinante per lo sviluppo dei primi computer. Nel 1950 ideò il test di Turing, che viene utilizzato ancora oggi per valutare le nuove IA.

Il test stesso si basa sulla conversazione, poiché Turing era convinto che il processo di pensiero di una macchina sia difficile da formulare. Si tratta principalmente di capire quanto sia credibile la risposta della macchina all'interno di un dialogo con una persona reale. Per il test, una persona reale e un sistema AI dialogano tramite tastiera e schermo. Cercano di convincersi a vicenda di essere una persona reale e un essere umano pensante. Una terza persona, che assiste alla conversazione senza conoscere la vera identità degli interlocutori, deve giudicare la conversazione. Se, alla fine, non è in grado di dire senza ombra di dubbio quale conversazione proviene dall'uomo e quale dalla macchina, il test è superato e l'AI è alla pari con l'uomo.

Il test non è del tutto esente da critiche; in teoria, un sistema potrebbe anche essere semplicemente specializzato nell'imitazione del comportamento umano, senza possedere un alto livello di intelligenza o di coscienza in altre aree. In ulteriori variazioni del test di Turing, l'IA deve dimostrare di essere creativa e di poter eseguire servizi originali senza programmazione (test di Lovelace) o argomentare la teoria della sua stessa coscienza (test di Metzinger).

Robotica

La robotica si occupa dello sviluppo di robot, o più precisamente della loro progettazione, produzione e controllo. Mentre l'informatica sviluppa robot software, la robotica si occupa maggiormente di robot che possono interagire con il mondo fisico. Oltre ai robot industriali e di servizio, che eseguono principalmente fasi di lavoro nella produzione o semplicemente forniscono servizi all'uomo, esistono anche robot umanoidi per i quali si stanno sviluppando arti e pelle, capacità linguistiche, espressioni facciali e gesti. Questo riunisce aree di ingegneria meccanica, ingegneria elettrica, informatica e AI.

Altri robot sono utilizzati in ambito scientifico (robot sperimentali), in ambito sanitario (robot per l'assistenza e la terapia) o in ambito militare (ad esempio, robot da combattimento che si occupano di missioni troppo pericolose per gli esseri umani). Negli ultimi anni si è parlato molto di robot nel settore dei trasporti, ossia di veicoli a guida autonoma che viaggiano senza conducente umano. La guida autonoma potrebbe diventare lo standard in pochi decenni, poiché le auto a guida autonoma stanno diventando sempre più sicure e molti governi stanno sostenendo questo sviluppo. Il potenziale della tecnologia è enorme, in quanto il traffico e i trasporti potrebbero diventare molto più fluidi, le aree rurali potrebbero essere rese più accessibili e le persone anziane o con problemi fisici sarebbero più mobili. Inoltre, molto probabilmente si ridurrebbe il numero di incidenti, poiché nella maggior parte dei casi l'errore umano è la causa di un incidente. Attualmente, i pionieri nel campo dei veicoli autonomi sono Apple, Tesla, Toyota, General Motors e la filiale di

Google Waymo. In generale, la tecnologia robotica ha molto in serbo per il futuro e potrebbe cambiare la nostra vita per sempre, come dimostra l'esempio delle auto a guida autonoma.

Critiche alla ricerca sull'IA

Nei dibattiti sull'intelligenza artificiale, di solito non si può fare a meno di parlare di moralità ed etica, poiché questo aspetto è particolarmente polarizzante. La sicurezza dei dati e la criminalità sono tra i maggiori punti di contestazione. Non c'è bisogno di pensare a scenari futuri per questo; le cosiddette tecnologie deep fake consentono di trasferire i volti nei video sul corpo di altre persone e di rendere le espressioni facciali così precise che sembra non ci sia alcuna differenza con la realtà. Queste e altre tecnologie, come i droni, i veicoli o le armi autonome guidate dall'AI, potrebbero essere hackerate e deliberatamente utilizzate in modo improprio per causare e/o manipolare danni. Non c'è dubbio che l'intelligenza artificiale offra molte opportunità e che valga la pena svilupparla e migliorarla. Tuttavia, la sicurezza dei dati e la protezione dall'uso improprio non devono essere trascurati. Spetta alla società e ai politici affrontare le nuove tecnologie e creare determinati standard, leggi e norme.

È particolarmente interessato alla tecnologia, al progresso e alle questioni ambientali? Scopra di più sui temi trattati qui:

Radkau, Joachim: La *tecnologia in Germania. Dal XVIII secolo ad oggi*

Tegmark, Max: *Vita 3.0*

Hosp, Julian: *Blockchain 2.0*

bpb.de/climatechange

bmi.bund.de/cybercrime

jaai.de

zukunftsinstitut.de

t3n.de

energie rinnovabili.com

ec.europa.eu/clima

PARTE 5: PERSONAGGI FAMOSI

Musica

La musica è una delle forme d'arte più importanti della società ed è ovunque intorno a noi: nelle pubblicità, nei concerti, nelle nostre cuffie. La musica è associata a sentimenti e ricordi che spesso sono difficili da esprimere a parole e che quindi preferiscono essere ascoltati ancora e ancora interpretati da qualcun altro. Dovrebbe assolutamente conoscere i seguenti virtuosi musicali della storia.

Antonio Vivaldi

Vivaldi è conosciuto soprattutto per il suo capolavoro "Le Quattro Stagioni", un ciclo di quattro concerti che cattura musicalmente le sensazioni mutevoli della natura. Spesso chiamato "Prete Rosso" per i suoi capelli rosso fuoco, il compositore era uno dei musicisti più ricercati nella vita culturale veneziana all'inizio del XVIII secolo. Vivaldi fu in realtà un sacerdote per un breve periodo prima di dedicarsi definitivamente alla musica. Dava lezioni di violino in un orfanotrofio veneziano per ragazze e scrisse molti dei suoi pezzi per i bambini o per la chiesa. Delle sue cento opere stimate, meno della metà sono conservate oggi. Il compositore morì nel 1741.

Bob Dylan

Con successi come "Blowin' in the Wind" e "Like a Rolling Stone", il cantautore statunitense Bob Dylan è una leggenda della musica dagli anni Sessanta. Il suo genere preferito è un mix di folk, country e rock, e suona il pianoforte, l'organo e l'armonica, oltre alla chitarra. Nel 2016, è stato il primo musicista a ricevere il Premio Nobel per la Letteratura per le sue creazioni poetiche, ma lo ha ritirato solo sei mesi dopo, quando si trovava nelle vicinanze per un tour.

Bob Marley

Bob Marley è la leggenda del reggae per eccellenza. Il cantante e chitarrista giamaicano raggiunse la fama mondiale con le canzoni "I Shot the Sheriff" e "No Woman, No Cry" e divenne un simbolo politico e culturale della popolazione di colore. Marley trascorse le ultime settimane della sua vita sul lago Tegernsee all'inizio degli anni '80, dopo che gli era stato diagnosticato un cancro. La sua morte non ha diminuito la sua reputazione e il suo status leggendario. Oggi, la sua famiglia gestisce una varietà di cannabis con il nome di "Marley Natural", che avrebbe certamente fatto piacere al sostenitore dei poteri curativi naturali.

Elvis Presley

Il re del rock'n'roll Elvis Presley è stato uno dei primi a portare il movimento rockabilly nel mainstream, ma è stato rappresentato anche nei generi country, pop, gospel e blues. Con oltre 500 milioni di dischi venduti, è uno degli artisti solisti più popolari del XX secolo, e il singolo "It's Now or Never" è il suo più venduto.

Come attore, Elvis ha interpretato ruoli in 31 film e uno dei suoi concerti dal vivo alle Hawaii è stato visto da più persone dello sbarco sulla Luna. Alla fine della sua carriera, andò spesso in tournée e fece numerosi spettacoli a Las Vegas. Nell'agosto del 1977, a soli 42 anni, morì nella sua tenuta di Graceland, nel Tennessee, a causa di problemi cardiaci e di un'overdose di farmaci. In realtà, ci fu un tentativo di furto del suo corpo poco dopo il funerale. Di conseguenza, il corpo di Elvis e quello di sua madre furono portati a Graceland. Oggi, Elvis continua a vivere, soprattutto nei suoi numerosi imitatori in tutto il mondo.

Elton John

Con canzoni da classifica come "Candle in the Wind", "Rockt Man" e "Can You Feel the Love Tonight", il cantante britannico Elton John ha cantato nel cuore di migliaia di fan. In Germania, le canzoni più veloci come "Don't Go Breaking My Heart" erano particolarmente popolari all'inizio. Elton John fu il primo artista occidentale ad esibirsi in Unione Sovietica alla fine degli anni '70. La sua carriera continuò a salire negli anni '80, ma anni di uso di droghe costrinsero l'artista a ritirarsi per diversi anni, prima di celebrare il suo ritorno nel 1992 e vincere un Oscar per la colonna sonora de Il Re Leone, in particolare per la canzone "Can You Feel the Love Tonight". Nel 1998, è stato nominato cavaliere dalla Regina Elisabetta II per il suo impegno sociale.

Falco

Il musicista austriaco Falco, il cui vero nome è Johann Hölzel, ha raggiunto il suo successo internazionale a metà degli anni '80 con la sua canzone "Rock Me Amadeus" ed è stata la prima canzone in lingua tedesca a raggiungere la vetta della classifica statunitense Billboard. In Germania, è sorta una controversia sulla sua canzone "Jeanny" del 1985, che secondo i critici glorificava il crimine violento contro una giovane donna.

Diverse stazioni in Germania boicottarono la canzone, ma divenne comunque un successo. All'età di 40 anni, Falco morì nel 1998 dopo un incidente d'auto; aveva un livello di alcol dell'1,5%, oltre a cocaina e THC nel sangue. Dopo la sua morte, l'album pubblicato postumo "Out of the Dark" rimase nella Top 100 in Germania per quasi un anno.

Frank Sinatra

Frank Sinatra, nato nel New Jersey nel 1915, è passato alla storia della musica come crooner soul e donnaiolo per eccellenza con successi come "My Way" e "Strangers in the Night". È stato il cantante principale del "Rat Pack", un gruppo di intrattenitori attivi negli anni '50 e '60. Era noto anche come attore. Le voci secondo cui aveva legami con la mafia, che lui ha sempre negato, hanno contribuito al mito della sua vita. Tuttavia, l'FBI ha tenuto un dossier fitto su di lui, poiché si era battuto per i diritti civili fin dall'inizio della sua carriera e alcuni agenti si sono insospettiti del suo fascino (soprattutto per le donne). Il cantante è noto anche per la sua passione per il whisky bourbon Jack Daniel's. Dopo la sua morte, avvenuta nel 1998, fu sepolto con una bottiglia della bevanda accanto a un pacchetto di sigarette.

Freddie Mercury

Freddie Mercury, il cui vero nome era Farrokh Bulsara, è diventato una star mondiale a metà degli anni '70 con il suo gruppo rock Queen. Canzoni come "Killer Queen", "Bohemian Rhapsody" e "We Are the Champions" hanno reso l'artista bisessuale una leggenda. I suoi costumi colorati, la sua voce inconfondibile e le sue performance e video musicali divertenti hanno reso Mercury una figura particolarmente simpatica. Nel backstage, litigava spesso con varie amanti e aveva problemi di droga, ma questo non toglieva nulla alla sua energia sul palco. Mercury morì di polmonite nel 1991 e dopo la sua morte si tenne il "Freddie Mercury Tribute Concert for AIDS Awareness". Il cantante aveva sofferto per anni della malattia immunitaria e non aveva mai ammesso pubblicamente la sua omosessualità.

Jimi Hendrix

Jimi Hendrix è considerato il dio della chitarra e la figura principale del leggendario Festival di Woodstock del 1969. Suonava la chitarra con i denti, dietro la testa e sulla schiena ed è stato celebrato per canzoni come "Purple Haze" e "Hey Joe". Le sue esibizioni risuonarono non solo con il suo talento, ma anche con il desiderio di pace che molti giovani americani sentivano all'epoca. Con una musica che era allo stesso tempo soul e rauca, protestava contro la guerra del Vietnam e l'establishment.

Hendrix morì a Londra nel 1970 all'età di soli 27 anni, appena due settimane dopo la sua ultima esibizione, diventando uno dei membri più famosi del "Club 27". Questo include una serie di artisti leggendari come Kurt Cobain, Amy Winehouse e Brian Jones, tutti morti all'età di 27 anni.

Johann Sebastian Bach

Opere come la "Passione di San Matteo" o l'"Oratorio di Natale" hanno reso il compositore, virtuoso dell'organo e del pianoforte Johann Sebastian Bach una leggenda della musica classica. Nacque a Eisenach nel 1685 e iniziò la sua carriera come direttore di corte e organista in giovane età. Le sue opere sono caratterizzate dal rigore e dalla concentrazione, ma allo stesso tempo sono ammalianti ed emotive. Questa miscela portò Bach alla fama, concluse l'era barocca e influenzò tutti i compositori successivi.

Si dice che abbia composto oltre 2000 pezzi, di cui circa la metà è sopravvissuta. Anche i suoi figli divennero musicisti e sperimentarono la sua fama immortale anche dopo la morte del padre nel 1750; infatti, la famiglia Bach è una delle più grandi famiglie musicali del mondo. I membri della famiglia Bach dominarono la vita musicale e culturale nell'area di Erfurt per quasi tutto il XVIII secolo.

John Lennon

Il co-fondatore dei Beatles è nato a Liverpool nel 1940 e ha conquistato il mondo con la sua band con successi come "Yellow Submarine" e "Let It Be". Ma ha dato prova di sé anche come artista solista e autore di canzoni, con "Imagine", ad esempio, che è diventato un grande successo. Nonostante la fama e le migliaia di fan in delirio, all'interno dei Beatles ci sono sempre stati litigi interni, dubbi e fughe dalla droga. Dopo un'accesa discussione nel 1969, Lennon lasciò la band e si trasferì a New York con la moglie e artista Yoko Ono, dove si ritirò sempre più dagli occhi del pubblico.

La moglie è stata incolpata da molti fan per la separazione, anche se questo è sempre stato ufficialmente negato. L'attivista per la pace Lennon raggiunse anche una tragica fama con la sua morte nel 1980, quando fu colpito da quattro proiettili da un fanatico a New York.

Kurt Cobain

Probabilmente il membro più famoso del "Club 27" è il musicista rock statunitense Kurt Cobain, che ha conosciuto il successo come frontman della band Nirvana, soprattutto negli anni '90. Con canzoni come "Smells Like Teen Spirit" e "Come As You Are", ha dato forma al genere grunge ed è diventato un'icona giovanile. Per tutta la sua vita, Cobain ha resistito al clamore che lo circondava, affermando che la musica era la cosa più importante per lui.

I toni rocciosi e i testi cupi caratterizzavano il suono distintivo dei Nirvana, e il canale musicale MTV trasmetteva in continuazione il video musicale di "Smells Like Teen Spirit". L'artista ha lottato per far fronte all'attenzione del mainstream, che Cobain odiava. Nel 1994, si tolse la vita mentre era strafatto di eroina, il che non fece che accrescere il suo status leggendario.

Ludwig van Beethoven

Tutti probabilmente conoscono le melodie di "Für Elise" e della "Sonata al chiaro di luna" o l'inizio della Quinta Sinfonia di Ludwig van Beethoven. Sebbene fosse già ipoacusico all'età di 27 anni, Beethoven, nato nel 1770, ha composto molti dei pezzi classici più famosi di oggi. Ciò può essere attribuito soprattutto al suo perfezionismo. Si dice che Beethoven fosse lunatico e pignolo, e che si sia trasferito quasi 70 volte nella sua vita, perché spesso si sentiva a disagio in alcuni luoghi a causa di piccoli dettagli. Tuttavia, era un vero genio quando si trattava di musica, producendo un successo dopo l'altro. La perdita dell'udito lo affliggeva sempre di più con l'avanzare dell'età, soprattutto per i fastidiosi ronzii alle orecchie e l'ipersensibilità ai suoni.

Inoltre, divenne sempre più isolato - riusciva a malapena a dire alle persone che lo circondavano che era sordo come compositore. La sua arte salvò Beethoven dal suicidio, perché in essa trovò accettazione e gioia. Al giorno d'oggi, probabilmente non sarebbe stato possibile curare completamente i suoi disturbi, ma sarebbe stato possibile alleviarli.

Madonna

Hit come "Like a Virgin", "Like a Prayer" e "Material Girl" hanno reso la giovane Madonna una star globale alla moda negli anni '80, che non solo era ascoltata da tutte le stazioni radio, ma che ha anche fatto tendenza e si è battuta per l'emancipazione delle donne. Arrivò a New York all'età di 19 anni e si guadagnò da vivere come ballerina e attrice di soft porn per un po', finché non arrivò la sua grande svolta. Durante la sua carriera, ha ricevuto diversi premi, tra cui sette Grammy. Nonostante ciò, oggi è considerata la più grande icona pop ed è una delle donne più ricche del mondo, con una fortuna stimata di 380 milioni di euro.

Michael Jackson

Il "Re del Pop" Michael Jackson è diventato famoso negli anni '80 soprattutto grazie a canzoni come "Thriller", "Smooth Criminal" o "Billie Jean" e al suo "Moonwalk". Già da bambino, lavorava nel mondo dello spettacolo con i suoi fratelli come membro dei Jackson Five; suo padre era estremamente severo e lo spingeva letteralmente verso il successo. Da adulto, Jackson si è comprato il Neverland Ranch, un'enorme tenuta con il carattere di un parco a tema.

Dopo il suo grande successo negli anni '80, ci sono state sempre più controversie sulla sua chirurgia plastica, in particolare sulla sua pelle sempre più sbiancata e sul suo naso sempre più piccolo. È stato anche ripetutamente sulle prime pagine dei giornali a causa di relazioni discutibili con i bambini ed è stato persino accusato nel 2003, ma è stato assolto nel 2005. Morì a Los Angeles nel 2009 per un'overdose di propofol, un anestetico senza il quale non riusciva a dormire da anni.

Nina Simone

Quando Nina Simone iniziò a suonare il pianoforte all'età di quattro anni, nessuno avrebbe immaginato che un giorno sarebbe diventata una delle più grandi leggende del soul. La sua carriera è iniziata nei primi anni '60 ed è stata caratterizzata da successi come "I Put a Spell on You", "Feelin' Good" e "My Baby Just Cares For Me". I fan la chiamavano la "Sacerdotessa del Soul", un soprannome affettuoso per la musicista che voleva essere la prima donna di colore a tenere concerti classici per tutta la vita. L'eccezionale artista divenne un'icona del Movimento per i Diritti Civili e fu amica intima di altri attivisti come Lorraine Hansberry e James Baldwin.

Negli anni '80, lasciò l'America a causa del razzismo che ancora prevaleva e visse in Africa, Svizzera e Francia. In questo periodo ha sofferto di disturbo bipolare. Ha poi celebrato il suo ritorno nel 1987 e ha riacquistato la fama di un tempo. Nina Simone è morta nell'aprile 2003 all'età di 70 anni.

Richard Wagner

Il compositore e drammaturgo tedesco Richard Wagner, nato a Lipsia nel 1813, ha avuto un'enorme influenza sulla storia della musica con le sue opere.

Attribuì grande importanza al testo delle sue opere e fece persino costruire il suo teatro del festival per le sue ambiziose opere. Queste includono "Tristano e Isotta" e "Die Walküre".

Le persone che lo circondavano lo descrivevano come irrequieto e spericolato, spesso preoccupandosi più dei suoi animali domestici, un cane e un pappagallo. A causa del suo aperto antisemitismo e dell'ammirazione di Hitler per lui, la sua musica è spesso associata a qualcosa di malvagio o a un "lato oscuro". In molti film, la cavalcata della Valchiria in particolare viene utilizzata per annunciare il male, ad esempio nel classico dei vampiri "Nosferatu" o nel film sul Vietnam "Apocalypse Now".

Tupac

Tupac Shakur è stato un rapper americano della West Coast che ha fatto la storia dell'hip-hop con canzoni come "All Eyes on Me" e "Dear Mama" ed è ancora oggi venerato. Ha venduto circa 75 milioni di dischi durante la sua carriera, ma ha anche fatto notizia per le sue attività criminali. Sembra che avesse due facce: era un grande fan di Shakespeare e prendeva lezioni di danza classica, mentre allo stesso tempo si circondava di gangster ed era coinvolto in sparatorie.

Molte celebrità come Jim Carrey e Madonna erano fan di Tupac e suoi amici. Trascorreva ore in studio ogni giorno con i suoi colleghi Puff Daddy e The Notorious B.I.G., producendo successi. Nel 1996, a soli 25 anni, fu ucciso con un colpo di pistola. A seguito di ciò, ci sono state ripetute voci secondo le quali si era solo nascosto ed era ancora vivo. In un certo senso, Tupac è stato effettivamente resuscitato nel 2012, quando una sua proiezione 2D è apparsa sul palco del festival musicale Coachella.

Udo Jürgens

La svolta definitiva di Udo Jürgens avvenne con la canzone "Merci, Chérie", che gli valse il Grand Prix nel 1966. Anche successi come "Griechischer Wein" e la sigla del film d'animazione "Tom e Jerry" hanno contribuito alla fama del musicista austriaco.

Come compositore, ha scritto oltre 1000 canzoni e ha pubblicato un totale di 50 album. Sul palco, la camomilla e il bis in accappatoio sono diventati il suo marchio di fabbrica, dopo che i fan si sono rifiutati di andarsene dopo uno dei suoi primi concerti importanti e Jürgens, già senza abito di scena, ha cantato per loro di nuovo in accappatoio. Ancora oggi, è considerato un veterano del pop e ha vinto un premio dopo l'altro durante la sua carriera, tra cui un Echo e un Romy per il lavoro di una vita. Il suo musical "Ich war noch niemals in New York" ha avuto la sua prima mondiale ad Amburgo nel 2007 ed è diventato il preferito del pubblico. Udo Jürgens è morto in Svizzera nel dicembre 2014.

Wolfgang Amadeus Mozart

Il compositore salisburghese Wolfgang Amadeus Mozart, soprannominato "Wolferl", è uno dei musicisti classici più importanti della storia. Il bambino prodigio della musica classica ha composto una delle opere più famose al mondo, il 'Flauto magico', e circa 1000 altri pezzi. Iniziò a comporre all'età di 5 anni e scrisse la sua prima sinfonia all'età di 8 anni. Alcuni dei suoi primi ascoltatori pensavano addirittura che fosse un piccolo adulto, grazie al suo talento sul palco. Fin da giovane suonò presso le corti reali e accettò una commissione dopo l'altra. All'età di 6 anni, si esibì per l'imperatrice Maria Teresa e sua figlia Maria Antonietta, alle quali chiese subito di sposarlo.

Da adulto, si innamorò di Constanze Weber e la sposò nel 1782. Nonostante il suo grande successo, morì nel 1791 all'età di soli 35 anni, impoverito e malato. La causa della sua morte fu probabilmente la febbre reumatica, che lo affliggeva da tempo.

> Con queste fonti imparerà ancora di più sui pionieri della musica:
>
> Werner-Jensen, Arnold: *Il libro della musica*
>
> rollingstone.com
>
> dhm.de/biografia
>
> popculture.com/musica
>
> nato.on/musica
>
> whoeswho.com

Politica

Sono spesso parodiati, criticati e si vedono quasi costantemente sotto gli occhi del pubblico: i politici. Eppure abbiamo bisogno di loro per garantire ordine e sicurezza e per poter contare su leader forti, almeno in teoria. Ecco i personaggi più famosi della politica.

Abramo Lincoln

Abraham Lincoln fu il 16° Presidente degli Stati Uniti dal 1861 al 1865 e il primo repubblicano a farlo. Si schierò a favore dell'Unione durante la Guerra di Secessione e vinse la Guerra Civile. Oggi è considerato un eroe nazionale americano che ha unito la nazione e abolito la schiavitù. Fu ucciso da un fanatico sudista mentre visitava un teatro il 14 aprile 1865 e morì il giorno successivo. Pochi giorni prima della sua morte, si dice che abbia sognato un attentato alla sua stessa vita.

Angela Merkel

La politica tedesca della CDU Angela Merkel è diventata la prima donna Cancelliere della Repubblica Federale di Germania nel 2005. Cresciuta nella DDR, ha conseguito un dottorato in fisica ed è diventata politicamente attiva in giovane età. Prima di diventare Cancelliere, è stata Ministro della Famiglia e dell'Ambiente sotto Helmut Kohl, e successivamente Segretario Generale della CDU, Presidente della CDU e Leader dell'opposizione. Nella sua posizione, era ed è considerata la donna più potente del mondo. È famosa anche per il 'diamante Merkel', la posizione delle mani davanti al ventre a forma di diamante, con cui viene spesso caricaturizzata.

Barack Obama

Barack Obama è passato alla storia come il primo Presidente nero degli Stati Uniti. Nato alle Hawaii nel 1961, il democratico è stato il 44° Presidente dal 2009 al

2017 e ha ricevuto il Premio Nobel per la Pace durante il suo primo mandato. Durante la sua presidenza, ha dovuto affrontare soprattutto la crisi economica e finanziaria e la guerra in Iran, ma è stato lodato per la sua riforma sanitaria del Patient Protection and Affordable Care Act, noto anche come Obamacare. Anche il suo modo di fare gioviale e le sue apparizioni sui social media lo hanno reso popolare.

Bill Clinton

Bill Clinton è stato il 42° Presidente degli Stati Uniti dal 1993 al 2001. Il democratico ha promosso il libero scambio nel Paese ed è stato stimato soprattutto perché ha portato gli Stati Uniti a una ripresa economica. Oggi, tuttavia, Clinton è ricordato soprattutto per i suoi scandali privati. Nel 1998, è diventato pubblico il fatto che avrebbe avuto una relazione sessuale con la stagista Monica Lewinsky e che avrebbe mentito al riguardo. Le notizie sullo scandalo portarono alla fine a un procedimento di impeachment, che però fallì.

Gerhard Schröder

Gerhard Schröder è stato il settimo Cancelliere della Germania dal 1998 al 2005 e il primo a governare con una maggioranza di SPD e Alleanza 90/Verdi.

Politicamente, è ricordato soprattutto per l'Agenda 2012, un concetto annunciato nel 2003 per la riforma del sistema sociale e del mercato del lavoro tedesco. Schröder voleva combattere la disoccupazione e ridurre la spesa sociale, cosa che ha causato anche polemiche all'interno dell'SPD. Dalla fine della sua carriera politica, Schröder ha lavorato come avvocato d'affari e lobbista ed è stato criticato per la sua posizione di Presidente del Consiglio di Sorveglianza di Nord Stream AG, che gestisce l'oleodotto del Mar Baltico per il trasporto di petrolio greggio dalla Russia.

Helmut Kohl

Nato nel 1930, lo storico e Primo Ministro Helmut Kohl ha governato la Germania come Cancelliere per 16 anni, più a lungo di qualsiasi altro Cancelliere prima di lui. La sua carriera politica è stata caratterizzata da alti e bassi, è stato lodato da molti per la sua vicinanza al popolo ed è stato visto come un Cancelliere unificatore che ha unito una Germania divisa, mentre allo stesso tempo è stato criticato per uno scandalo di donazioni al partito nel 1999 e per le accuse di corruzione. Anche la sua vita privata ha fatto notizia, in particolare il suicidio della moglie Hannelore e le dichiarazioni dei figli, che lo hanno criticato pubblicamente.

John F. Kennedy

John Fitzgerald Kennedy, noto come JFK, è considerato
il Presidente preferito degli Stati Uniti. Ha prestato gi-
uramento nel 1961 e ha ispirato la popolazione con il
suo dinamismo e il suo idealismo. Si batté per i diritti
della popolazione di colore e fece approvare la legge
per abolire la segregazione razziale. Divenne triste-
mente famoso dopo la sua morte, avvenuta il 22 novembre 1963, quando fu ucciso con un colpo di pistola
davanti alle telecamere a Dallas. I complotti circondano l'assassinio e l'omicidio non è ancora stato
completamente risolto. Secondo la maggior parte delle
voci, il suo assassino fu Lee Harvey Oswald, che negò
il crimine e fu ucciso da un proprietario di un nightclub
durante il suo trasferimento alla prigione di Stato di
Dallas.

Konrad Adenauer

Dal 1949 al 1963, il politico del Partito di Centro è stato il primo Cancelliere della nuova Repubblica Federale di Germania. L'avvocato era stato in precedenza sindaco di Colonia per 16 anni, ma fu rimosso dall'incarico durante il nazionalsocialismo e talvolta arrestato. Per molti anni, guidò una Germania devastata verso la prosperità, promosse l'economia sociale di mercato e l'integrazione nella Comunità Europea e rese la Repubblica Federale sovrana. All'inizio degli anni '60, perse i sostenitori e la maggioranza assoluta, soprattutto a causa della costruzione del Muro di Berlino. Nel 1962, poco dopo l'affare Spiegel - una faida tra il Ministro della Difesa Franz Josef Strauss e l'editore di Der Spiegel, Rudolf Augstein, che alla fine portò ad una crisi di governo - annunciò le sue dimissioni.

Le indagini avevano rivelato che Strauß e Adenauer avevano fatto arrestare diversi redattori per tradimento senza il consenso del Ministero della Giustizia.

Ludwig Erhard

Il successore di Adenauer, Ludwig Erhard, ha governato la Repubblica Federale di Germania dal 1963 al 1966 ed è oggi considerato il creatore del miracolo economico tedesco, in quanto ha svolto un ruolo decisivo nella svolta dell'economia sociale di mercato nella Repubblica Federale. Nel suo libro "Prosperità per tutti", ha descritto esattamente il modo in cui voleva condurre ampie fasce della società alla prosperità e come doveva essere la libera economia. La sua idea di libertà economica combinata con la regolamentazione e il controllo da parte dello Stato funzionò. L'economia tedesca divenne integrata a livello internazionale, mentre allo stesso tempo Erhard si preoccupava dell'edilizia sociale e di mitigare le conseguenze della guerra. L'economia in rapida crescita è alimentata anche dalla piena occupazione che si verifica sotto la sua guida. Dopo le sue dimissioni, la Repubblica sperimenta la sua prima crisi economica.

Mahatma Gandhi

Il combattente per la libertà indiano Mahatma Gandhi è considerato un modello politico soprattutto per le sue proteste pacifiche, con le quali ha resistito al potere coloniale britannico e all'oppressione dell'India. La sua marcia più famosa è la Marcia del Sale del 1930, durante la quale percorse 385 chilometri a piedi per protestare contro la tassa imposta sul sale.

Centinaia di migliaia di indiani si unirono alla marcia e alle altre sue proteste. Nonostante sia stato imprigionato più volte, Gandhi non abbandonò la sua lotta pacifica fino a quando l'India ottenne l'indipendenza nel 1947. Ha ispirato molti altri attivisti per la pace, come Martin Luther King.

Martin Luther King

È il volto del Movimento per i diritti civili degli anni '60 in America ed è ancora oggi un idolo: Martin Luther King. Il predicatore e presidente della Southern Christian Leadership Conference divenne rapidamente il leader carismatico del movimento per i diritti civili, che si batteva per proteste e dibattiti pacifici. Le sue armi contro il razzismo erano discorsi entusiasmanti, soprattutto il famoso discorso "I Have a Dream", sit-in e marce.

Nell'aprile del 1968, gli spararono a Memphis e morì a soli 39 anni. Di conseguenza, in tutto il Paese scoppiarono proteste e lutti. King ispirò anche i movimenti per la pace nella DDR ed è tuttora venerato.

Ronald Reagan

Ronald Reagan è stato attore e commentatore radiofonico prima di entrare in politica e diventare il 40°

Presidente degli Stati Uniti. Ha governato dal 1981 al 1989 ed è stato considerato il 'Grande Comunicatore', che, insieme alla moglie Nancy Reagan, è stato vicino alla gente e ha conquistato elettori fedeli con il suo anticomunismo. Dopo la guerra del Vietnam e l'affare Watergate, ha ricostruito la fiducia degli americani, ma ha comunque ampliato il divario tra ricchi e poveri tagliando la spesa sociale, che oggi è nota come 'Reaganomics'.

Willy Brandt

Willy Brandt, il cui nome di nascita era Herbert Frahm, è stato uno dei cancellieri più popolari della Germania. Ha polarizzato l'opinione pubblica soprattutto grazie alla sua Ostpolitik, che mirava a normalizzare le relazioni tra la RFT e la DDR. Tuttavia, è uscito rafforzato da un voto di sfiducia fallito contro di lui nel 1972. Apparentemente nulla poteva danneggiare il carismatico Brandt. Divenne presto attivo politicamente e criticò il regime nazista dall'esilio.

Come Cancelliere federale, cercò di venire a patti con il Nazionalsocialismo, la sua genuflessione al Ghetto di Varsavia fece il giro del mondo e gli fu assegnato il Premio Nobel per la Pace nel 1971. Fu celebrato a livello internazionale e nazionale per la sua politica di riconciliazione.

Winston Churchill

Winston Churchill è ancora oggi una delle figure più controverse della politica. Nato da una famiglia aristocratica, il britannico fu due volte Primo Ministro della Gran Bretagna, dal 1940 al 1945 e dal 1951 al 1955, e guidò il suo Paese durante la Seconda Guerra Mondiale. Con i suoi discorsi patriottici e motivazionali, Churchill divenne una figura chiave nella resistenza contro Hitler e spronò ripetutamente i britannici alla perseveranza.

Anche dopo la guerra, rimase un grande statista, si batté per una distensione nella Guerra Fredda e si dedicò alla pittura e alla scrittura accanto alle sue attività politiche. Oggi, Churchill è criticato soprattutto per i suoi commenti razzisti e le sue convinzioni imperialiste.

Qui può continuare a impegnarsi con i politici:
born.am/stato-e-politica
geo.de/geolino/weltveraenderer
whoswho.com

La storia

Sta studiando la storia da un po' di tempo? Non è una scusa per non conoscere le seguenti importanti figure della storia! Si tratta di rivoluzionari, leader e inventori - persone che hanno cambiato il corso della storia e che ancora oggi influenzano il modo in cui noi modelliamo il mondo.

Albert Einstein

Il fisico Albert Einstein è stato il super genio per eccellenza. Le sue conquiste rivoluzionarie, come la teoria della relatività, sono oggi considerate le fondamenta della fisica moderna. Si concentrò sulla fisica atomica e delle particelle e per il suo lavoro ricevette il Premio Nobel per la Fisica nel 1922. A causa delle sue origini ebraiche, non poté tornare in Germania dopo gli anni di successo negli Stati Uniti, motivo per cui rimase a Princeton fino alla sua morte nel 1955. Tre anni prima, gli era stata offerta la posizione di Presidente di Israele. Rifiutò con gratitudine, dicendo che non aveva abbastanza esperienza e che era troppo vecchio per svolgere funzioni ufficiali.

Alessandro Magno

Alessandro Magno è considerato ancora oggi un conquistatore mondiale di successo. Visse dal 356 a.C. al 323 a.C. e fu Re di Macedonia, oltre che uno dei migliori generali e politici del suo tempo. Grazie all'istinto strategico e alla sua indomabile volontà di potenza, conquistò un gran numero di Paesi che corrispondono all'attuale territorio di Grecia, Turchia, Siria, Libano, Israele, Giordania, Egitto, Iraq, Iran, Afghanistan e Pakistan.

Uno dei suoi obiettivi era quello di unire i popoli per superare le differenze etniche, politiche e culturali all'interno del suo impero. Prima di raggiungere questo obiettivo, morì per un'infezione a Babilonia. Il suo impero si disintegrò successivamente, ma ciò che rimase fu l'"Ellenismo", la fusione della cultura greca e orientale.

Alexander von Humboldt

Alexander Humboldt, nato a Berlino nel 1769, è uno dei più importanti scienziati tedeschi. Una corrente oceanica, un cratere lunare e un giglio portano il nome dell'esploratore. Dopo una carriera nel settore minerario, Humboldt iniziò a dedicarsi alla ricerca di piante e animali, viaggiando in tutto il mondo per farlo. Eseguì misurazioni geografiche e meteorologiche e viaggiò in Venezuela, Cuba, Ande, Messico e Stati Uniti con il suo compagno di viaggio Aimé Bonpland dal 1799 al 1804.

Insieme raccolsero incredibili quantità di campioni botanici e geologici, influenzando la cartografia, la vulcanologia, la botanica, la zoologia, l'etnologia e altri campi scientifici. Humboldt non era solo uno scienziato e una persona socievole, ma anche un idealista dell'Illuminismo che condannava la schiavitù e si batteva per la giustizia.

Amelia Earhart

Amelia Earhart è un'icona del femminismo ed è una delle donne pilota più famose della storia. Iniziò a volare all'età di 23 anni e stabilì il suo primo record mondiale nel 1922 con un'altitudine di 4.3000 metri. Nessuna donna prima di lei era mai stata più in alto nell'aria. Nel 1932, divenne la prima donna ad attraversare l'Atlantico da sola, per cui ricevette la Medaglia d'Onore di New York e fu finalmente riconosciuta a livello internazionale. Durante la sua ultima grande missione, un volo intorno al mondo, l'eccezionale pilota scomparve nel 1937 e il suo corpo non fu mai ritrovato.

Anna Frank

Nata a Francoforte sul Meno nel 1929, Anna Frank e la sua famiglia dovettero nascondersi nel 1942 perché erano ebrei e furono perseguitati dai nazionalsocialisti. I Frank erano precedentemente emigrati nei Paesi Bassi e avevano trascorso anni felici ad Amsterdam. Ma anche qui non erano al sicuro dai nazisti e dovettero nascondersi. Durante questo periodo di paura, Anne scrisse nel suo diario, che chiamava affettuosamente 'Kitty'.

Nel 1944, il nascondiglio della famiglia fu preso d'assalto e tutti i membri finirono nei campi di concentramento. Anne e sua sorella morirono di tifo poco prima della fine della guerra. L'unico sopravvissuto della famiglia fu suo padre Otto Frank, che pubblicò il diario di Anne nel 1947 su richiesta della figlia. Oggi, il diario è una delle opere più lette al mondo e un pezzo importante della storia contemporanea.

Charles Darwin

Il naturalista del XIX secolo Charles Darwin ha dato un contributo significativo alla teoria dell'evoluzione e ha gettato le basi per la ricerca sull'origine delle diverse specie. Nacque in Inghilterra nel 1809 e si interessò ai fenomeni naturali fin da giovane. Fece il suo primo viaggio importante, un giro del mondo, a bordo della HMS Beagle nel 1831, durante il quale raccolse numerosi animali, piante e campioni di roccia. La sua teoria dell'evoluzione si basava inizialmente sull'osservazione di specie di fringuelli diversamente sviluppate; in seguito la applicò alle scimmie e stabilì un collegamento con gli esseri umani. La Chiesa, in particolare, era inorridita dall'idea che gli esseri umani non fossero stati creati separatamente e fossero imparentati con le scimmie. Tuttavia, la scienza ha dato ragione alle teorie di Darwin, che hanno avuto un impatto duraturo sulla nostra visione del mondo.

Basandosi sulle teorie di Darwin, si sviluppò anche il "darwinismo sociale", che applicò la teoria della "sopravvivenza del più adatto" alle strutture sociali ed ebbe un impatto significativo sulla società alla fine del XIX secolo.

Isaac Newton

Quasi tutti conoscono la famosa storia della mela che cadde e che diede al fisico di fama mondiale Isaac Newton la teoria della gravità. Nato nel 1726, il britannico imparò a insegnare da solo in giovane età, in parte perché tutte le università furono chiuse per un periodo a causa della peste. Tra le altre cose, studiò i problemi di algebra, meccanica e ottica e lo fece principalmente da solo. Newton prese molto a cuore le critiche, motivo per cui si ritirò sempre più dall'attenzione pubblica nel corso degli anni.

Con la sua pubblicazione "Principi matematici della teoria naturale", fondò la teoria della gravitazione e combinò le teorie di Johannes Kepler e Galileo Galilei. Oggi è ricordato, tra le altre cose, per il "pendolo di Newton", una piccola struttura in cui sono appese diverse sfere, le due più esterne delle quali possono trasmettere impulsi a tutte le sfere - un giocattolo popolare per le scrivanie.

Giovanna d'Arco

Giovanna d'Arco, nota anche come Giovanna d'Arco o Pulzella d'Orléans, è un'eroina nazionale francese, canonizzata dalla Chiesa cristiana. Nacque durante la Guerra dei Cent'anni tra Inghilterra e Francia ed ebbe le prime visioni all'età di 13 anni. Si dice che queste abbiano profetizzato che avrebbe liberato il suo Paese come guerriera.

Quattro anni dopo, apparve davanti alla famiglia reale francese e si presentò come un angelo inviato dal cielo. E in effetti, poco dopo guidò le truppe in armatura da cavaliere a Orléans e, motivati dalla loro guida, i francesi sconfissero gli inglesi in quasi tutto il sud della Francia. Mentre cercava di liberare Parigi, Giovanna fu arrestata e bruciata sul rogo all'età di soli 19 anni. Da allora, i francesi la considerano una santa martire che ha combattuto coraggiosamente per il suo Paese. Fu canonizzata nel 1920 e molti scrittori come Bertolt Brecht, Friedrich Schiller e William Shakespeare ripresero artisticamente la sua storia.

Cleopatra

L'ultimo faraone donna, Cleopatra VII, nacque nel 69 a.C. e iniziò il suo regno all'età di 18 anni. Cercò di difendere il suo impero dalla grande potenza mondiale Roma e di renderlo indipendente. A tal fine, intraprese anche una famosa relazione amorosa con Giulio Cesare, che consolidò il suo dominio egiziano. Tuttavia, Cesare non fu l'unico ad innamorarsi della donna favolosamente bella; dopo la sua morte, anche il successivo grande sovrano dell'Impero Romano d'Oriente, Marco Antonio, si innamorò di lei.

Dopo una guerra civile istigata dal pronipote di Cesare, Ottaviano, la coppia regnante cadde in disgrazia e si suicidò nel 30 a.C.. Dopo duemila anni, Cleopatra è ancora considerata una figura femminile di potere e forza, grazie alla sua abilità politica e ai suoi noti rituali di bellezza.

Malala Yousafzai

Malala Yousafzai è nata nel 1997 ed è già una figura importante nella storia. È la più giovane vincitrice del Premio Nobel per la Pace, che le è stato assegnato per il suo lavoro di attivista per i diritti dei bambini. Si è battuta per i diritti delle donne e dei bambini quando aveva solo undici anni. Quando i Talebani hanno preso il controllo del suo Paese natale, il Pakistan, nel 2007, ha scritto un blog sui gravi attacchi e sul terrore che i suoi compatrioti hanno dovuto sopportare. In particolare, ha scritto del fatto che le ragazze non potevano più andare a scuola. Ben presto divenne famosa in tutto il mondo e apparve in televisione, il che spinse i Talebani a sparare a Malala nell'ottobre 2012. Gravemente ferita, la giovane è sopravvissuta e in seguito ha ricevuto ancora più attenzione. Dal 2017 è anche Messaggero di Pace delle Nazioni Unite.

Marie Curie

La prima donna vincitrice del Premio Nobel è stata Marie Curie, una fisica e chimica che ha cambiato il mondo con le sue ricerche. Per molto tempo, dovette lavorare come insegnante e poté condurre la ricerca solo privatamente, poiché le donne non erano ammesse alle università in Polonia alla fine del XIX secolo. Fortunatamente, Curie ottenne un posto di studio a Parigi e riuscì ad assicurarsi delle borse di studio grazie al suo talento. Insieme al marito Pierre Curie, scoprì la radioattività mentre preparava la sua tesi di dottorato e la studiò con l'obiettivo di utilizzarla per curare le malattie. Curie fu riconosciuta per la prima volta a livello internazionale e poco dopo divenne la prima donna a insegnare attivamente fisica all'Università della Sorbona.

Nel 1911, le fu assegnato un secondo Premio Nobel, dopodiché si offrì volontaria per aiutare i soldati feriti nella Prima Guerra Mondiale con un'apparecchiatura mobile a raggi X e tenne molte conferenze. Curie morì nel 1935 a causa delle radiazioni radioattive a cui era stata esposta per decenni.

Napoleone Bonaparte

Napoleone Bonaparte nacque nel 1769 ed ebbe una grande influenza sul XVIII secolo. L'aristocratico francese fu dichiarato generale durante la Rivoluzione Francese e divenne un eroe della nazione nel corso degli anni. La rivoluzione terminò nel 1799 e Napoleone divenne imperatore e unico sovrano di Francia. Ricostruì il Paese e assicurò la pace interna, ma allo stesso tempo si ribellò contro altri Paesi e entrò in guerra contro la Gran Bretagna, la Prussia e la Russia. La pace fu ristabilita tra i Paesi nel 1807, ma gli inglesi non abbandonarono Napoleone. A causa dei disordini e delle lotte di potere, si ritirò e fu esiliato su un'isola dell'Atlantico meridionale, dove morì di cancro nel 1821. Napoleone appare ancora oggi come eroe di guerra in film, serie e libri.

Ramses II

Ramses II è considerato uno dei sovrani più importanti dell'Antico Egitto e regnò per 66 anni, dal 1279 al 1213 a.C. Il faraone è oggi conosciuto soprattutto per la sua megalomania; durante il suo regno, fece costruire molte statue di se stesso, oltre a un enorme tempio mortuario chiamato "Ramesseum" e una nuova capitale. Per molti versi, meritò la sua fama, perché sotto di lui l'Egitto visse un periodo di pace e prosperità. Fu padre di quasi un centinaio di figli e si fece immortalare con i templi rupestri di Abu Simbel, che ancora oggi sono un simbolo dell'Impero egiziano. Il faraone che ha regnato più a lungo ha vissuto più di 80 anni e a quanto pare è ancora venerato oggi, con numerosi scienziati che hanno esaminato la sua mummia ben conservata.

Thomas Alva Edison

L'ingegnere e imprenditore Thomas Edison è considerato da molti il più grande inventore della storia mondiale. Visse dal 1847 al 1931 e rivoluzionò la vita quotidiana soprattutto grazie al miglioramento della lampadina (che in realtà non fu il primo ad inventare). Sviluppò anche interruttori, prese, fusibili e il primo fonografo, che rese possibile registrare e riprodurre le voci per la prima volta.

I suoi 1.093 brevetti gli fecero guadagnare diversi milioni di dollari, oltre alla fama e al riconoscimento. A differenza di molti altri inventori della storia, Edison fu abile nel commercializzare le sue numerose invenzioni e nel trovare gli investitori giusti. Oggi è certo che l'inventore cercò anche di sbarazzarsi senza scrupoli di concorrenti come Nikola Tesla e George Westinghouse. Cercò di denigrare pubblicamente la corrente alternata di Westinghouse uccidendo cani, gatti e persino un elefante durante le dimostrazioni di corrente alternata. Questi esperimenti portarono infine allo sviluppo della sedia elettrica.

Da queste fonti può imparare ancora di più sulle personalità più importanti della storia:

Bergh, Hendrik van: *Persone che hanno cambiato il mondo*

Grandi idee: *Il libro di storia. Grandi eventi spiegati in modo semplice*

planet-wissen.de/storia/personalità

nato.on/top100

Filosofia

Perché viviamo? Siamo esseri autodeterminati? Come può essere una società giusta? Questi pensatori e filosofi si pongono da tempo queste e altre domande essenziali. Le loro teorie variano da bizzarre a interessanti e rivoluzionarie e sono ancora di grande attualità.

Aristotele

Il genio universale Aristotele non era solo un filosofo, ma anche un biologo, un fisico e uno scienziato. Visse

300 anni prima di Cristo e fu una delle persone più influenti dell'antichità; tra gli altri, Alessandro Magno fu suo allievo. Fondò la sua scuola ad Atene, il Lykeion, e insegnò, ad esempio, la teoria della retorica, cioè l'arte dell'oratoria, oltre alla letteratura e alle scienze naturali. Era particolarmente interessato alla logica e alle scienze naturali e teorizzò che l'uomo non poteva vivere senza la società.

Aristotele era abile nel creare collegamenti tra le sue ricerche e nel trasformarle in insegnamenti più ampi. Oltre alla Retorica, le sue opere più importanti includono la Poetica, la Metafisica, la Politica e l'Organon.

Arthur Schopenhauer

Il docente universitario e filosofo Arthur Schopenhauer nacque a Danzica nel 1788 e si ispirò in particolare a Immanuel Kant e a Platone. Coniò il concetto di idealismo soggettivo e fu un grande seguace del Buddismo. Nella sua opera principale "Il mondo come volontà e rappresentazione", Schopenhauer descrive che la vita è sempre associata alla sofferenza e che si può sfuggire a questa sofferenza per un breve periodo attraverso l'arte e la musica. La sofferenza fondamentale della vita obbliga tutte le persone ad avere compassione per gli altri e questa sofferenza può essere superata solo attraverso la rinuncia completa a tutti i desideri. La compassione è importante anche per superare l'egoismo innato dell'uomo. Schopenhauer ha influenzato molti altri studiosi come Goethe, Nietzsche, Einstein e Tolstoj.

Friedrich Nietzsche

"Dio è morto!" Questa è probabilmente la citazione più famosa del filosofo Friedrich Nietzsche. L'uomo con i grandi baffi nacque nel 1844 nell'attuale Sassonia-Anhalt e raggiunse il riconoscimento nazionale e internazionale solo dopo la sua morte. La sua filosofia è caratterizzata in particolare dalla critica alla religione e dai suoi dubbi sull'uomo, su Dio e sulla morale.

Also sprach Zarathustra", un'opera filosofica e lirica che viene classificata da alcuni come una tragedia e da altri come una parodia biblica, è considerata la sua opera principale. La sua teoria del 'superuomo', che è spiritualmente superiore a tutti gli altri, fu in seguito utilizzata dai nazionalsocialisti per la loro ideologia razziale.

Georg Wilhelm Friedrich Hegel

Chiunque si presenti all'angolo con una citazione di Hegel nelle discussioni viene percepito come colto o pretenzioso - o entrambe le cose. In realtà, le teorie di Hegel e soprattutto il suo linguaggio sono tra gli argomenti più complessi della filosofia. Il pensatore del secolo e 'Re del Pensiero' di Prussia è noto soprattutto per la sua filosofia dello spirito del mondo, secondo la quale il mondo è sempre in movimento e in cambiamento e un'epoca storica segue la successiva secondo un principio logico di movimento. Come la crescita di una pianta, la fase di maturazione del mondo obbedisce a un principio interno, alla sua logica. Per lui, Dio è uno spirito del mondo che unisce la somma di tutte le epoche in se stesso e non è presente dall'inizio della storia.

Per questo fu criticato soprattutto dalla Chiesa. Hegel era anche un sostenitore dell'assolutismo illuminato e vedeva la Prussia come uno Stato che aveva raggiunto il massimo livello di libertà.

Hannah Arendt

Nata nel 1906, la filosofa e pubblicista ebrea tedesco-americana Hannah Arendt ha esplorato intensamente i temi del potere, del totalitarismo e del Nazionalsocialismo. Durante il Nazionalsocialismo, ha sperimentato l'esclusione e la persecuzione degli ebrei, è stata brevemente imprigionata dalla Gestapo nel 1933 e poi è emigrata negli Stati Uniti, dove ha scritto rubriche per un giornale tedesco-ebraico emigrato. Nel 1961, ha raccontato il processo Eichmann a Gerusalemme, ha scritto l'opera politica "Elementi e origini del totalitarismo" e ha coniato il termine "banalità del male". I suoi testi e insegnamenti altamente intellettuali sono ancora attuali nel 21° secolo.

Immanuel Kant

Immanuel Kant è il filosofo più importante dell'Illuminismo ed è conosciuto soprattutto per il detto "Abbi il coraggio di usare la tua comprensione". Visse dal 1724 al 1804 e non lasciò mai la sua città natale, Königsberg, nell'ex Prussia. La sua opera principale, "Critica della ragion pura", fu pubblicata nel 1781 e trattava le questioni del libero arbitrio e del destino dell'uomo, con cui ebbe una grande influenza sul mondo filosofico.

È noto anche per l'imperativo categorico, che, secondo Kant, è il principio del comportamento umano: ogni persona ha la responsabilità esclusiva delle proprie azioni e nessuno dovrebbe fare a un altro qualcosa che non vorrebbe accadesse a se stesso.

Jean-Jacques Rousseau

Jean-Jacques Rousseau è sempre stato una figura controversa, considerato un misogino e padre dei corvi, ma anche un fanatico della giustizia e una figura dell'Illuminismo. Nacque nel 1712 e scoprì i viaggi e i dibattiti in giovane età. La sua filosofia si occupa principalmente dell'educazione umana e della condizione umana stessa. Una delle sue idee più importanti è che l'uomo è fondamentalmente buono e che solo l'educazione e la società lo rendono cattivo. La sua teoria del libero arbitrio ha influenzato anche i secoli successivi; era convinto della ragione umana e dei diritti individuali.

Ciò costituì la base della Rivoluzione francese e influenzò molti filosofi come Kant, Marx ed Hegel.

Sono famose anche le sue teorie educative, in cui chiedeva il libero sviluppo della personalità del bambino.

Jean-Paul Sartre

Il filosofo, drammaturgo e romanziere Jean-Paul Sartre è considerato il principale rappresentante dell'esistenzialismo ed è uno degli intellettuali francesi più importanti del XX secolo. Ha lasciato il segno nell'Europa del dopoguerra soprattutto con la sua opera principale "Essere e nulla". In essa, descrisse l'essere come diviso in un'esistenza in sé e una che è consapevole della sua esistenza e quindi esiste per sé. Questo comporta la libertà di definire se stessi come esseri umani, soprattutto attraverso le proprie azioni. Sartre fu politicamente attivo contro la potenza occupante tedesca, fu brevemente imprigionato e lavorò come scrittore indipendente dopo la guerra. Doveva ricevere il Premio Nobel per la Letteratura nel 1964, ma lo rifiutò.

La sua ultima apparizione controversa risale al 1974, quando visitò il terrorista della RAF Andreas Baader in prigione.

John Locke

Il filosofo inglese John Locke è considerato il fondatore del liberalismo. Nacque nel 1632, studiò medicina e fu un medico praticante. Fu anche attivo politicamente, il che ebbe un impatto sulla sua filosofia. Locke sosteneva che lo Stato fosse obbligato a proteggere la proprietà, la libertà e la vita dei suoi cittadini. Questo avrebbe influenzato in seguito tutte le costituzioni dei governi liberali. La sua filosofia di governo prevedeva una separazione dei poteri in cui l'esecutivo e il legislativo erano indipendenti l'uno dall'altro, opponendosi così all'assolutismo. Locke ha anche coniato la teoria della conoscenza, secondo la quale le persone nascono come 'tabula rasa', cioè come fogli bianchi, prima di sperimentare le cose. Le sue opere includono "Due trattati sul governo" e "Saggio sulla mente umana".

Confucio

Confucio è probabilmente uno dei filosofi più citati nella storia dell'umanità. Lo studioso cinese visse dal 551 a.C. al 479 a.C., durante un periodo di guerra civile in Cina. Si preoccupò di come il Paese potesse ritrovare la pace e l'unità e predicò soprattutto un ritorno alla moralità e al senso del dovere. Insegnò ai suoi studenti, sia ricchi che poveri, ad essere diligenti e gentili, a mantenere le promesse e a riconoscere l'invidia o il malcontento come sentimenti inutili. Secondo Confucio, la pace può essere stabilita solo se tutte le persone imparano a condurre una vita buona e virtuosa. Non pensava mai agli dei o ad altri poteri superiori, come facevano i Greci, ad esempio. Si occupava principalmente della vita quotidiana. Dopo la sua morte, i discepoli di Confucio diffusero i suoi insegnamenti nel libro 'Lunyu'. Quando la Cina fu unificata, intorno al 200 a.C., i governanti elevarono i suoi insegnamenti a una sorta di religione, il Confucianesimo.

Karl Marx

Pochissime persone hanno avuto un'influenza così forte sulle persone del loro tempo e sulle generazioni successive come l'economista, teorico sociale, giornalista e filosofo Karl Marx.

Come il suo collega Friedrich Engels, Marx, nato nel 1818, fu il leader del movimento operaio del XIX secolo e perseguì l'obiettivo di una società senza classi, in cui tutti i beni sono condivisi e non esistono ricchi o poveri. Nella sua utopia, tutti possiedono le stesse cose e tutto appartiene a tutti. Questa dottrina del marxismo invitava i proletari a rivoltarsi contro i capitalisti. Marx ed Engels scrissero le loro idee nel "Manifesto

Comunista", un'opera che è ancora oggi molto letta. In seguito, Marx scrisse un altro libro di successo, "Das Kapital". Ancora oggi, ci sono Paesi come la Cina in cui il comunismo è rigorosamente praticato.

Platone

Platone, allievo di Socrate e uno dei più importanti filosofi greci, nacque nel 428 a.C. e proveniva da una famiglia benestante. I suoi insegnamenti includono principalmente la teoria delle idee, che si riassume nell'esempio dell'allegoria della caverna. Nell'allegoria della caverna, le persone sono legate in una caverna e vedono solo le ombre degli oggetti sulla parete rocciosa.

Le ombre sono la realtà per loro, anche se uno di loro si libera e riconosce la realtà - gli altri non gli crederanno. Secondo Platone, esiste un mondo dei sensi, che percepiamo con i nostri sensi e che può ingannarci, e un mondo delle idee, in cui le cose sono immutabili e non possono essere riconosciute con i sensi. Platone era anche un sostenitore della ragione ed espose la sua idea di Stato perfetto nel suo libro 'Lo Stato'. Anche la sua visione delle donne era insolita per il suo tempo; chiedeva l'istruzione per le ragazze ed era convinto della loro razionalità.

René Descartes

Il francese Rene Descartes, nato nel 1595, è considerato un grande dubitatore della filosofia che metteva costantemente in discussione il mondo, se stesso e Dio. Il genio universale si dedicò ad altre discipline oltre alla filosofia, come la matematica e l'astronomia, ma i suoi argomenti preferiti erano le grandi domande. Tra le altre cose, avanzò la teoria secondo cui la realtà non esiste realmente, ma è solo un sogno. Questo lo portò a un'altra linea di pensiero: "Se dubito, penso, se penso, allora devo esistere". Questo ha dato origine a una delle citazioni filosofiche più famose: "Cogito ergo sum", che significa "Penso, quindi sono".

Con le sue idee radicali, Cartesio si rese ripetutamente ridicolo; la Chiesa in particolare fu sconvolta dalle sue idee e bandì i suoi libri. Tuttavia, questo non poté impedire che i suoi insegnamenti diventassero i più importanti dei tempi moderni.

Socrate

Ai suoi tempi, molti lo guardavano con sospetto, ma oggi Socrate è considerato il fondatore della filosofia. È solo grazie ai suoi attenti studenti che oggi conosciamo i suoi influenti insegnamenti, in cui il pensatore, nato nel 469 a.C., filosofeggia sulla giustizia e sul significato della filosofia stessa.

I suoi pensieri sono stati tramandati principalmente sotto forma di dialoghi, e spesso si recava in luoghi pubblici per dare i suoi insegnamenti. Era convinto che ogni persona portasse dentro di sé la verità, ma che questa dovesse essere 'tirata fuori' ponendo domande specifiche. Tutti hanno dentro di sé l'amore, la virtù, la conoscenza di sé e la giustizia, e il male nasce sempre dall'ignoranza. Oltre alle questioni etiche, Socrate si occupava anche di problemi di logica. Fu giustiziato nel 399 a.C. per blasfemia e per aver irritato lo Stato; rifiutò un'offerta di aiuto per fuggire, poiché era pronto a morire per la sua causa. Il suo allievo Platone, in particolare, trasmise i pensieri del suo maestro.

Vuole conoscere altri grandi filosofi e i loro inseg-

namenti? Dia un'occhiata a queste fonti:

Poller, Horst: *I filosofi e le loro idee fondamentali.*

Una panoramica storica

Landau, Cecile: *Il libro della filosofia. Le grandi idee*

e i loro pensatori

stern.de/zehndenkerkompakt

philosophenlexikon.de

nato.on/filosofi significativi

Fatti geografici

L'area dell'Europa

L'area totale del continente europeo è di circa 10.500.000 km², il che lo rende il secondo continente più piccolo dopo l'Australia. L'area di tutti i Paesi dell'Unione Europea è di circa 4.500.000 km², con la Francia che è il Paese più grande e Malta il più piccolo dell'UE.

Il fiume più lungo d'Europa

Il fiume più lungo d'Europa è il Volga con una lunghezza di circa 3.530 km, seguito dal Danubio con 2.850 km e dagli Urali con 2.428 km. Il Volga nasce nella Russia occidentale e sfocia nel Mar Caspio. Ha circa 200 affluenti principali ed è collegato al Mar Baltico, al Mar Nero e all'Oceano Artico tramite canali.

La montagna più alta d'Europa

Elbrus è considerata la montagna più alta d'Europa, con un'altezza orgogliosa di 5.642 metri. Il vulcano ghiacciato si trova in territorio russo, al confine con l'Asia, e quindi non è sempre visto come una montagna europea. Il suo 'avversario' è quindi il Monte Bianco, con un'altezza di 4.800 metri, la montagna più alta delle Alpi. Chi porta il titolo di montagna più alta d'Europa è quindi una questione di definizione all'interno del confine eurasiatico.

Mare di Norvegia

Il Mare di Norvegia si trova tra Norvegia, Islanda e Svalbard e ha un'area di circa 1,1 milioni di chilometri quadrati. Essendo un mare marginale dell'Oceano Atlantico, costituisce un importante collegamento tra il Nord Atlantico e l'Oceano Artico. La sua importanza economica è dovuta alla pesca e alle riserve di petrolio e gas presenti nel fondale marino.

Spazio economico europeo

Banca Centrale Europea

La Banca Centrale Europea (BCE) è stata fondata nel 1998 e ha sede a Francoforte sul Meno. Il suo compito è quello di gestire l'euro, garantire la stabilità dei prezzi e attuare la politica economica e monetaria dell'UE. Il suo obiettivo principale è quello di creare nuovi posti di lavoro e crescita economica in tutta Europa.

Per mantenere i tassi di cambio in equilibrio, la BCE gestisce le riserve di valuta e acquista e vende valute. È anche responsabile dei sistemi di pagamento, controlla le autorità nazionali che supervisionano i mercati e le istituzioni finanziarie e garantisce la stabilità dei sistemi bancari europei. L'organo decisionale della BCE è il Consiglio direttivo, mentre il Comitato esecutivo, composto dal Presidente, dal Vicepresidente e da altri membri, supervisiona le operazioni quotidiane della BCE. I Governatori delle banche centrali nazionali degli Stati membri dell'UE siedono nel Consiglio Generale per garantire un coordinamento congiunto. Insieme, le banche centrali nazionali formano il Sistema Europeo di Banche Centrali.

Commercio interno all'UE

L'UE conduce circa due terzi del suo commercio di beni all'interno dei propri confini. Il mercato interno dell'UE è quindi di grande importanza economica per tutti gli Stati membri. Ogni anno i singoli Paesi esportano e importano merci per un valore di diversi miliardi di euro all'interno dei confini dell'UE. L'importanza del mercato interno è maggiore per alcuni Paesi rispetto ad altri. I maggiori esportatori sono generalmente Germania, Paesi Bassi, Francia e Belgio. La Germania è anche uno dei maggiori importatori, insieme a Francia, Regno Unito e Italia.

Commercio estero dell'UE

Naturalmente, anche il commercio estero dell'UE è importante per i Paesi. Tra il 2003 e il 2017, le esportazioni extra-UE sono passate da 862 a 1.879 miliardi di euro, il che corrisponde a un aumento di oltre il 100 percento. Germania, Francia, Paesi Bassi e Italia sono i leader del commercio con i Paesi extra UE. Rappresentano quasi il 60-70% delle esportazioni e delle importazioni extra-UE. Anche il Regno Unito contribuiva in gran parte al commercio estero dell'UE prima della Brexit, ma ora è uno dei Paesi con cui l'Europa stessa ha un accordo commerciale.

Partner commerciale dell'UE

Il totale delle esportazioni di beni extra-UE ammonta a circa 1,9 miliardi di euro. I mercati di vendita più importanti sono gli Stati Uniti, la Cina, la Svizzera e la Russia. Vi sono anche molti scambi di esportazioni con Giappone, Norvegia, Corea del Sud e India. L'UE importa la maggior parte dei beni da Cina, Stati Uniti, Russia, Svizzera e Norvegia. L'UE ha un saldo commerciale positivo dal 2013, il che significa che vengono esportati più beni di quelli importati.

Politica europea

Popolazione

Nell'UE vivono circa 448 milioni di persone. La Germania ha la più alta densità di popolazione con 83,2 milioni di abitanti, il che la rende lo Stato membro dell'UE più popoloso. Lo Stato insulare dell'Europa meridionale, Malta, ha la popolazione totale più piccola, con circa 0,5 milioni di abitanti.

Unione Europea

L'Unione Europea conta un totale di 27 Stati membri ed è stata fondata nel 1993. L'obiettivo dell'associazione di Stati è la libertà, la sicurezza e lo Stato di diritto, nonché la conservazione dei valori europei. L'obiettivo è quello di lavorare insieme all'interno dell'Unione per creare prosperità sociale ed economica e per prevenire ogni forma di ingiustizia e discriminazione. Inoltre, la dignità umana, la democrazia, l'uguaglianza, lo Stato di diritto e i diritti umani sono i valori più alti dell'UE. Una moneta comune, un forte mercato interno e diverse istituzioni democratiche dovrebbero garantire il mantenimento di questi valori.

Tuttavia, accanto a una grande quantità di sostegno e solidarietà reciproci, c'è anche lo scetticismo dell'UE. Mentre alcuni criticano il sistema stesso dell'Unione, altri non sono soddisfatti di singoli aspetti, come la valuta euro. Altri criticano decisioni politiche specifiche, come i sostenitori della Brexit, per i quali la gestione della crisi dei rifugiati in Europa nel 2015 è stato il fattore decisivo per chiedere la separazione del Regno Unito dall'Europa.

Altri critici sono infastiditi dal grande potere che emana dall'UE. Ritengono che le decisioni siano spesso prese al di sopra delle teste degli Stati. Inoltre, l'attuazione delle decisioni richiede spesso tempi molto lunghi o non si raggiunge alcun accordo.

Mentre i Paesi ricchi spesso si lamentano di dover sostenere i Paesi più poveri, gli Stati membri più poveri chiedono maggiore uguaglianza. Nel complesso, ci sono ripetute occasioni per criticare l'UE e le sue azioni. Secondo i sondaggi, la maggior parte dei cittadini dell'UE sostiene comunque l'Unione Europea ed è convinta del suo concetto. Ciò è dovuto principalmente all'economia fiorente, alla pace tra gli Stati membri, al livello di prestazioni sociali all'interno dell'UE e a vantaggi come i programmi di scambio di studi.

Migrazione

La migrazione è sempre un tema importante all'interno dell'UE e un motivo di discussione. L'UE cerca soprattutto di proteggere i suoi confini esterni, di collaborare con Paesi come la Turchia o gli Stati africani, di proteggere i migranti e di fermare i contrabbandieri. Quest'ultimo aspetto in particolare è una preoccupazione importante, in quanto i contrabbandieri sfruttano la sofferenza dei rifugiati e li trasportano in Europa in cambio di grandi somme di denaro, con la Germania che è la destinazione numero uno per molti rifugiati. Queste attività non sono solo illegali, ma anche pericolose per la vita. Migliaia di rifugiati sono già morti lungo le pericolose rotte dei contrabbandieri, nel Mediterraneo al largo delle coste dei Paesi di destinazione o stipati in container e camion.

L'UE si sta impegnando per catturare i contrabbandieri e offrire protezione ai rifugiati. Questo perché l'UE è legalmente obbligata ad accogliere le persone che necessitano di protezione internazionale in uno dei suoi Stati membri. La Convenzione di Ginevra sui Rifugiati del 1951, il primo accordo universalmente applicabile per la protezione dei rifugiati, stabiliva già che i rifugiati hanno diritto alla protezione, alla libertà di religione e di movimento, all'istruzione e al lavoro. Soprattutto, vieta ai rifugiati di essere rimandati in Paesi in cui sono in pericolo, ad esempio a causa di guerre o persecuzioni.

Sebbene molti rifugiati siano già stati accettati e integrati in Europa, ci sono ancora numerosi problemi. Entrare legalmente in Paesi come la Germania o la Svezia è un processo lungo e richiede molte pratiche burocratiche. Senza il supporto delle organizzazioni umanitarie, molti non sarebbero nemmeno in grado di compiere i passi necessari, poiché molte autorità sono impegnate e sovraccariche.

Il campo profughi di Moria, sull'isola greca di Lesbo, ha mostrato quanto sia catastrofica la situazione per alcuni richiedenti protezione europea. Il campo, che era stato progettato per poco meno di 3.000 persone, a volte era abitato da 20.000 persone, le condizioni erano inaccettabili da anni e molte famiglie hanno sofferto in queste circostanze. Quando il campo è stato incendiato nel settembre 2020, diverse migliaia di persone hanno perso il loro rifugio, sono rimaste completamente senza casa e l'UE è stata chiaramente sopraffatta. L'UE è stata ampiamente criticata a livello internazionale per questa catastrofe e la situazione dei migranti sta migliorando solo lentamente.

Parlamento europeo

Il Parlamento europeo (PE) è composto da eurodeputati che vengono eletti direttamente dai cittadini degli Stati membri per un mandato di cinque anni. Il PE è quindi l'unico organo dell'UE che viene eletto direttamente dagli europei aventi diritto al voto. Il numero di eurodeputati dipende dalle dimensioni della popolazione dei rispettivi Paesi; dopo la Brexit, ci sono in totale 704 eurodeputati e, naturalmente, il Presidente. All'interno del Parlamento si formano dei gruppi politici, che si

concentrano sugli orientamenti politici e non sulle na-
zionalità.

Le assemblee parlamentari si svolgono a Stras-
burgo, mentre le riunioni dei gruppi politici e le com-
missioni specializzate si riuniscono a Bruxelles. Insieme al Consiglio dell'UE, il Parlamento europeo a-
gisce come legislatore e controlla la Commissione europea e il bilancio dell'UE. La legislazione che il Parlamento elabora influisce sulla vita quotidiana di tutti gli
europei. Ad esempio, si occupa dell'importazione e
dell'esportazione di merci, dei regolamenti sui servizi,
dei trasporti all'interno dell'UE e della protezione am-
bientale. Le sessioni del Parlamento possono essere seguite in diretta online via webstream, in tutte le lingue.

Consiglio dell'Unione Europea

Un altro organo politico dell'UE è il Consiglio dell'Unione Europea. Esso riunisce i ministri dei Paesi dell'UE
per discutere la legislazione e il bilancio dell'UE, allo
stesso modo del Parlamento. Il Consiglio e il Parlamento europeo insieme formano quindi il principale
organo decisionale dell'UE. Inoltre, il Consiglio coor-
dina le misure politiche dei Paesi dell'UE, partecipa alla
politica estera e di sicurezza dell'UE e conclude accordi
tra l'Unione e altri Stati o organizzazioni

internazionali. Il Consiglio non ha membri fissi, ma è composto in base all'argomento - ad esempio, se l'argomento è l'economia e le finanze, si riuniscono i ministri delle finanze degli Stati membri. Queste riunioni dei ministri dell'UE sono aperte al pubblico e possono essere seguite in diretta su Internet. Affinché una decisione venga adottata, è necessario il voto favorevole del 55% dei Paesi, che a loro volta devono rappresentare il 65% dell'intera popolazione dell'UE. Tuttavia, l'unanimità è richiesta per alcuni argomenti, come gli aspetti di politica estera o le tasse.

Commissione Europea

La Commissione europea è responsabile dell'attuazione delle decisioni del Parlamento europeo e del Consiglio dell'UE, il che la rende un esecutivo politicamente indipendente dell'UE. La Commissione può presentare al principale organo decisionale proposte legislative da approvare, che rappresentano gli interessi dei cittadini dell'UE e sono supportate da esperti. Inoltre, elabora i bilanci annuali insieme al Consiglio e al Parlamento, monitora la spesa e vigila sulla conformità al diritto dell'UE da parte di tutti gli Stati membri. Soprattutto, la Commissione parla a nome di tutti i Paesi dell'UE con le organizzazioni internazionali, soprattutto quando si tratta di aiuti umanitari. Inoltre, negozia i trattati internazionali.

Corte di Giustizia Europea

La Corte di Giustizia Europea ha il compito di garantire che il diritto dell'UE sia applicato allo stesso modo in tutti gli Stati membri e che i Paesi e le istituzioni dell'UE rispettino la legge. È stata fondata nel 1952 ed è composta da un giudice per ogni Paese dell'UE e da undici Avvocati Generali. I giudici sono nominati per un mandato di 6 anni. La Corte stessa è composta da due giudici per ogni Paese dell'UE ed emette sentenze su casi che riguardano principalmente gli aiuti di Stato, il commercio, l'agricoltura e il diritto della concorrenza. La Corte di Giustizia si pronuncia anche sulle controversie legali che sorgono tra le istituzioni dell'UE e i governi nazionali. Può anche essere chiamata in causa se un'azienda, un'organizzazione o un individuo vede i propri diritti violati da un'istituzione dell'UE. Se è stato causato un danno, la Corte di Giustizia può garantire che venga pagato un risarcimento.

Inoltre, la Corte di Giustizia europea agisce anche come tribunale del lavoro e sociale, occupandosi di questioni come la parità di trattamento tra uomini e donne nella vita lavorativa. Anche le decisioni sulle multe prese dalla Commissione europea vengono esaminate dalla Corte di Giustizia. Le procedure pregiudiziali della Corte di Giustizia europea sono particolarmente importanti per i singoli Paesi. Il tribunale di un Paese può sottoporre alla Corte questioni relative all'interpretazione del diritto dell'UE, prima di prendere una decisione su un caso. L'interpretazione fornita dalla Corte di Giustizia si applica poi a tutti gli altri tribunali nazionali.

Qui potrà approfondire la sua conoscenza dell'Europa e della politica europea:
Wessels, Wolfgang: *Il sistema politico dell'Unione Europea*
Schrötter, Hans Jörg: *Piccola Enciclopedia Europea*
bpb.de/europa
europa.eu
bundesregierung.de/europa

Sistema di governo

Ogni cittadino tedesco dovrebbe conoscere e capire come funziona il sistema di governo tedesco. Dopo tutto, la politica tedesca influisce direttamente su tutti coloro che vivono in questo Paese.

Forma di governo

Le democrazie moderne adottano diverse forme di governo. Mentre il Regno Unito ha ancora una monarchia con una Regina come capo di Stato, la Francia è una repubblica con un Presidente eletto alla guida politica. Anche la Germania è una repubblica e non ha un re, ma è comunque organizzata in modo diverso dalla Francia. La Germania è uno Stato federale con 16 Stati federati, alcuni dei quali hanno sistemi educativi diversi e decidono autonomamente le questioni politiche. La Germania ha quindi una struttura federale.

Democrazia parlamentare

Il fatto che la Germania sia una democrazia parlamentare significa che la popolazione elegge un Parlamento, che poi decide la politica nel Bundestag tedesco. Le elezioni del Bundestag si tengono ogni quattro anni, in cui il popolo elegge i rappresentanti in Parlamento. Questo serve a garantire che la volontà del popolo venga effettivamente attuata in politica. Tutti i Paesi europei hanno democrazie parlamentari.

Legge fondamentale

La Legge fondamentale della Repubblica Federale di Germania è in vigore dal 23 maggio 1949 ed è la Costituzione del Paese. Si compone di un preambolo, di una sezione sui diritti fondamentali e di una sezione organizzativa. Le leggi in essa contenute hanno la precedenza su tutte le altre norme giuridiche tedesche e costituiscono il fondamento del sistema statale e dei suoi valori. Il punto più importante della Legge fondamentale è il primo articolo dei diritti fondamentali: "La dignità umana è inviolabile. È dovere di tutte le autorità statali rispettarla e proteggerla".

Presidente federale

Il Presidente federale rappresenta la Repubblica Federale di Germania sia all'interno che all'esterno; è il Capo di Stato con la prima residenza ufficiale a Berlino e la seconda residenza ufficiale a Bonn. Viene eletto dall'Assemblea federale per un mandato di cinque anni. L'Assemblea si riunisce solo per convocare il Presidente federale e poi si scioglie di nuovo. Il Presidente federale deve essere neutrale in termini di politica di partito, propone un candidato al Bundestag per l'elezione a Cancelliere federale ed è responsabile della nomina e della revoca di quest'ultimo; lo stesso vale per i ministri federali.

Cancelliere federale

Il Cancelliere federale è il capo del Governo federale tedesco, ha un grande potere e responsabilità in politica ed è eletto dal Bundestag. Deve sempre esserci una maggioranza assoluta, nota anche come 'maggioranza del Cancelliere'. Il Cancelliere federale propone al Presidente federale i candidati per le cariche ministeriali e presiede le riunioni di gabinetto. È responsabile e determina le linee guida della politica governativa. I ministri federali sono guidati da queste linee guida. Se sorgono conflitti all'interno del Governo, spetta al Cancelliere stabilire la direzione.

Questi sono i precedenti Cancellieri della Repubblica Federale di Germania:

1 Konrad Adenauer (CDU) 1949 - 1963

2 Ludwig Erhard (CDU) 1963 - 1966

3 Kurt-Georg Kiesinger (CDU) 1966 - 1969

4 Willy Brandt (SPD) 1969 - 1974

5. Helmut Schmidt (SPD) 1974 - 1982

6. Helmut Kohl (CDU) 1982 - 1998

7. Gerhard Schröder (SPD) 1998 - 2005

8. Angela Merkel (CDU) 2005 - 2021

Bundestag

Il Bundestag è sinonimo di Parlamento della Repubblica Federale di Germania. La popolazione elegge i membri del Parlamento che la rappresentano per un mandato di quattro anni. Ci sono un totale di 598 di questi rappresentanti, che si riuniscono nel Bundestag tedesco a Berlino.

I compiti principali del Bundestag sono l'elezione del Cancelliere federale, il controllo del Governo federale e la discussione e il confronto su questioni politiche attuali. Inoltre, i rappresentanti discutono e approvano nuove leggi, che i cittadini devono rispettare. I rappresentanti sono quindi impegnati tutto l'anno.

Consiglio federale

I membri del Bundesrat, ossia i vari ministri degli Stati federali, si riuniscono una volta al mese a Berlino. Queste riunioni sono chiamate sessioni plenarie. I membri del Bundesrat non sono solo politici statali, ma anche politici federali, quindi svolgono una doppia funzione politica. Gli interessi di tutti gli Stati federali sono rappresentati e discussi nel Bundesrat, con ogni Stato che dispone di almeno tre voti e fino a sei voti a seconda del numero di abitanti. Il Consiglio federale ha un totale di 69 voti e quindi anche 69 membri. Non sono eletti, in quanto il Consiglio è un 'organo perpetuo' che cambia solo con le nuove elezioni statali.

Processo legislativo

Come nascono le leggi penali, le leggi sociali, le leggi commerciali e simili? Il primo passo è la proposta legislativa presentata dal Governo federale, dal Bundesrat o dal Bundestag. La proposta viene discussa dal Bundestag stesso, in particolare da una commissione di esperti che conoscono l'argomento in questione. Il progetto di legge può quindi essere approvato o possono essere adottati degli emendamenti. Nel Bundesrat, i rappresentanti degli Stati federali discutono nuovamente la proposta di legge, in quanto sono generalmente interessati da essa. Il Consiglio non può più modificare la legge, ma solo accettarla o respingerla.

Nel caso di leggi di veto, il Bundestag può scavalcare il Bundesrat, ma ciò non è possibile nel caso di leggi di consenso, che riguardano trattati con altri Stati o emendamenti a leggi di base. Una volta completato questo processo, il Cancelliere e il Ministro responsabile devono firmare la legge prima che il Presidente federale trasformi il progetto in legge vera e propria.

Ministeri federali

I ministeri federali sono le massime autorità federali assegnate ad un ministro federale, ognuno dei quali è responsabile di un'area specifica. Ad esempio, il Ministero federale dell'Ambiente è responsabile della protezione della natura e dell'ambiente, mentre il Ministero federale dell'Interno si occupa della sicurezza dei cittadini tedeschi.

Questi sono tutti ministeri federali in Germania:

- Ministero federale delle Finanze
- Ministero federale dell'Interno, dell'Edilizia e della Comunità
- Ufficio federale degli affari esteri
- Ministero federale dell'Economia e dell'Energia
- Ministero federale della Giustizia e della Protezione dei Consumatori
- Ministero federale del Lavoro e degli Affari sociali
- Ministero federale della Difesa
- Ministero federale dell'Alimentazione e dell'Agricoltura
- Ministero federale per la Famiglia, gli Anziani, le Donne e i Giovani
- Ministero federale della Salute

- Ministero federale dei Trasporti e dell'Infrastruttura digitale
- Ministero Federale per l'Ambiente, la Conservazione della Natura e la Sicurezza Nucleare
- Ministero federale dell'Istruzione e della Ricerca
- Ministero federale per la Cooperazione e lo Sviluppo Economico

In altre parole, un'intera serie di ministeri federali, che si occupano tutti di interessi importanti del Paese.

Corte costituzionale federale

La Corte Costituzionale Federale è il più alto tribunale tedesco e ha sede a Karlsruhe. Metà dei suoi giudici sono eletti dal Bundesrat e metà dal Bundestag per un mandato di 12 anni. In qualità di massima autorità, la Corte Costituzionale Federale controlla i Parlamenti, i Governi e i tribunali minori in Germania per garantire che rispettino la Legge Fondamentale. Può abrogare leggi o decreti già approvati se sono incostituzionali, e decide anche sui divieti di partito e sui reclami costituzionali che ogni cittadino può presentare.

Parlamenti statali

Le amministrazioni e i governi all'interno degli Stati federali sono controllati dai parlamenti statali. Le rappresentanze parlamentari si chiamano Landtag, nelle città-stato si chiamano Abgeordnetenhaus (Berlino) o Bürgerschaft (Amburgo, Brema). In linea di principio, i parlamenti statali hanno gli stessi compiti del Bundestag, eleggono il capo del governo, il Primo Ministro. Tuttavia, tendono a essere messi in ombra dal Bundestag, a cui l'opinione pubblica è più interessata, a meno che il Parlamento statale non si occupi di questioni come la politica scolastica o le normative ambientali. La funzione di controllo dei parlamenti statali è molto importante; essi prendono molto sul serio il controllo dell'amministrazione e del governo.

Governo statale

Il governo statale o gabinetto statale è il governo di uno Stato federale. Attua le leggi che si applicano a livello nazionale o solo per il rispettivo Stato e ne controlla l'attuazione. Ha anche la responsabilità di spiegare le politiche dello Stato federale ai cittadini e invia rappresentanti al Bundesrat. Può anche proporre leggi al Parlamento statale. Il Governo statale è composto da un Ministro Presidente e dai Ministri statali e, in alcuni Stati, anche da alti funzionari pubblici, ossia i Segretari statali, che supportano i Ministri e il Ministro Presidente.

Corte Costituzionale dello Stato

La Corte Costituzionale Statale si occupa principalmente di controversie costituzionali che si basano sulla Costituzione statale. Ciò significa che non si tratta di un'altra istanza giudiziaria, ma controlla la conformità con la Costituzione statale separatamente, ossia la Costituzione del singolo Stato. Decide sull'esatta interpretazione della Costituzione e risolve le controversie in cui non è chiaro se una legge statale sia compatibile con la Costituzione statale. Si occupa anche dei reclami sulle decisioni prese dal Parlamento statale o delle accuse mosse dal Parlamento statale contro i membri del Parlamento che sono accusati di abuso di potere.

Il panorama dei partiti in Germania

Sistema partitico

Il sistema partitico tedesco è un sistema pluralistico, il che significa che diversi partiti guidano la politica statale. I singoli partiti possono essere molto forti, mentre altri svolgono un ruolo minore. L'obiettivo del pluralismo dei partiti e delle varie associazioni e fazioni all'interno dei partiti è quello di rappresentare la volontà del popolo nel modo più accurato possibile.

Unione Cristiano-Democratica di Germania (CDU)

La CDU è stata fondata nel 1950 ed è caratterizzata da opinioni conservatrici, liberali e cristiano-sociali. Tra i suoi elettori più fedeli ci sono i cristiani praticanti e i suoi sostenitori sono generalmente più anziani. A livello nazionale, la CDU ottiene spesso la quota maggiore di voti. Come partito di governo, la CDU ha avuto un'influenza decisiva sulle decisioni di politica estera e interna in Germania. In effetti, nella storia del partito ci sono stati solo quattro leader: Konrad Adenauer, Helmut Kohl, Angela Merkel e Armin Laschet, eletto nel 2021.

Partito Socialdemocratico di Germania (SPD)

L'SPD è il partito più antico ancora esistente in Germania. È stato fondato nel 1863 come partito dei lavoratori, ma è diventato il partito più forte in Germania solo negli anni '70. I suoi valori fondamentali sono la libertà, la giustizia e la solidarietà. I suoi valori fondamentali sono libertà, giustizia e solidarietà. Mentre oltre il 40% dei membri dell'SPD sono accademici, il suo elettorato è composto principalmente da lavoratori dell'industria e da membri della nuova classe media.

Partito Democratico Libero (FDP)

Dopo la sua fondazione nel 1948, l'FDP è stato a lungo l'unico partito di piccole dimensioni e ha quindi svolto un ruolo importante. Solo tra il 2013 e il 2017 non è riuscito a superare la soglia del cinque percento per la prima volta. Rappresenta principalmente posizioni economiche liberali e i suoi elettori comprendono soprattutto impiegati di alto livello, dipendenti pubblici e lavoratori autonomi. L'FDP è principalmente a favore di un'economia di libero mercato e dei diritti civili, mentre le sue opinioni sulla politica europea e sui rifugiati tendono ad essere conservatrici.

Alternativa per la Germania (AfD)

L'AfD è stato fondato nel 2013 come partito di estrema destra, innescato dalla crisi dell'Unione Monetaria Europea nel 2010. È un partito populista di destra che trova i suoi elettori principalmente nella Germania orientale. Questi sono principalmente di sesso maschile e condividono opinioni di estrema destra. Un catalizzatore della popolarità dell'AfD e della sua posizione anti-establishment è stata la crisi dei rifugiati del 2015, durante la quale il partito si è espresso in modo chiaro e talvolta provocatorio contro la politica di immigrazione prevalente.

LA SINISTRA

Formatosi nel 2007 dalla fusione del Partito del Socialismo Democratico (PDS) e del Partito del Lavoro e della Giustizia Sociale - L'Alternativa Elettorale (WASG), DIE LINKE affonda le sue radici sia in un partito regionale della Germania Est che nella protesta contro le politiche sociali degli anni 2000 ed è saldamente radicato nel sistema partitico tedesco. Dopo la fusione, il suo elettorato si è sempre più spostato dalla media della popolazione verso i lavoratori e la popolazione a basso reddito e con un basso livello di istruzione. La posizione del partito è contraria alle operazioni militari ed è chiaramente anticapitalista e pro-sindacale.

Alleanza 90/I Verdi

Il partito Alliance 90/The Greens è stato fondato nel 1990 e trae le sue origini dai movimenti antinucleari, per la pace e per le donne degli anni '70 e '80. La protezione dell'ambiente e la protesta contro l'energia nucleare e gli armamenti nucleari sono quindi sempre stati temi centrali. Gli elettori dei Verdi sono principalmente persone provenienti dai settori dei servizi e dell'istruzione e, a differenza di altri partiti, hanno molti giovani elettori. Inoltre, l'età media dei membri del partito è la più bassa di tutti i partiti.

Unione Cristiano-Sociale in Baviera e.V. (CSU)

Fondata nel 1946, la CSU è da un lato un partito regionale che partecipa alle elezioni solo in Baviera. D'altra parte, ha anche lo status di partito federale e rappresenta quindi un'eccezione tra i partiti tedeschi. Forma un gruppo parlamentare insieme alla CDU ed è apparentemente a favore della statualità della Baviera e dei valori borghesi conservatori. La maggior parte degli elettori della CSU sono cristiani devoti, tendono a vivere in zone rurali e sono più anziani rispetto alla media della popolazione.

Piccole feste

Oltre ai grandi partiti consolidati, in Germania esistono anche circa 100 piccoli partiti, alcuni dei quali sono rappresentati nel Parlamento europeo, pur non essendo membri del Bundestag. Questi includono, ad esempio, il Partito Pirata, il FREIEN WÄHLER, il Familien-Partei Deutschlands o il Bürger in Wut. In linea di principio, chiunque può fondare un partito in Germania, ma i suoi membri devono essere principalmente cittadini tedeschi, l'esecutivo del partito deve essere composto da almeno tre persone e un funzionario elettorale federale o il Parlamento statale deve esaminare la richiesta di fondazione di un partito. Ci sono quindi alcune regole da rispettare, ma il diritto dei cittadini di fondare un partito fa parte della democrazia tedesca.

Sistema educativo

Il sistema educativo tedesco viene ripetutamente criticato, spesso a causa della mancanza di digitalizzazione, di programmi di studio obsoleti e dell'insegnamento di conoscenze poco pratiche. Tuttavia, è uno dei migliori sistemi al mondo per quanto riguarda l'istruzione scolastica.

La scuola dell'obbligo

La scolarizzazione è obbligatoria in Germania da circa 200 anni, il che significa che ogni bambino è obbligato ad andare a scuola dall'età di sei anni. L'istruzione obbligatoria è obbligatoria dai 6 ai 18 anni e i bambini devono frequentare la scuola a tempo pieno fino alla fine del 9° o 10° anno. Non si tratta solo di un dovere, ma anche di un privilegio e di un diritto. Il diritto all'istruzione è uno dei diritti dei bambini sanciti dalla Convenzione delle Nazioni Unite sui Diritti del Bambino.

Una buona educazione scolastica è la base per una buona formazione professionale e per uno stile di vita indipendente. Attraverso l'educazione scolastica, i bambini dovrebbero diventare cittadini responsabili, in grado di formarsi un'opinione propria.

Tipi di scuola

Il settore elementare è il primo livello del sistema, che comprende le istituzioni per la promozione e la cura prescolare dei bambini di età inferiore ai sei anni. Segue il settore primario. I bambini frequentano una scuola primaria, dove apprendono le prime abilità di lettura, scrittura e matematica, nonché le abilità sociali e il modo di interagire con gli altri. Passano poi a una scuola secondaria o di livello inferiore, che viene selezionata in base alle attitudini, agli interessi e alla velocità di apprendimento. La scelta dei seguenti tipi di scuola varia a seconda dello Stato federale. Mentre Brema ha la Oberschule e il Gymnasium, lo Schleswig-Holstein ha la Regionalschule, la Gemeinschaftsschule e il Gymnasium, e la Renania-Palatinato ha la Kooperative and Integrative Realschule, l'Integrierte Gymnasium e il Gymnasium. Per decenni, c'è stato un vero e proprio caos di diverse forme di istruzione, che può essere attribuito al federalismo tedesco. Inoltre, ci sono scuole speciali ovunque, dove i bambini con difficoltà di apprendimento sono supportati in base alle loro esigenze individuali. Il livello secondario I è solitamente seguito dal livello secondario II.

Poiché l'istruzione in Germania è di competenza dei singoli Stati federali, ci sono sempre differenze nei programmi di studio e nei requisiti per gli alunni. A causa delle diverse politiche educative, i periodi di vacanza sono regolati in modo diverso, gli esami finali variano notevolmente e il passaggio alla scuola secondaria è regolato in modo diverso. Di norma, le materie standard insegnate nelle scuole secondarie superiori sono tedesco, matematica, inglese, scienze naturali (chimica, fisica, biologia), religione/etica, musica, arte, sport, scienze sociali (politica, storia, geografia).

Le scuole secondarie nella maggior parte degli Stati federali hanno determinate specializzazioni, alcune delle quali sono di natura più artistica e offrono materie come il media design o la musica, mentre altre si concentrano maggiormente sulle scienze naturali. Inoltre, gli alunni del secondo livello secondario possono influenzare in una certa misura il loro orario, deselezionando le materie o scegliendo tra quelle elettive obbligatorie. Dopo due o tre anni, la scuola secondaria viene solitamente completata e gli studenti terminano la loro istruzione con un esame Abitur completo. Hanno quindi ottenuto l'Abitur, ossia la qualifica generale di accesso all'istruzione superiore e quindi il titolo di studio più elevato in Germania. Questo dà diritto a studiare all'università.

Settore terziario

Il settore terziario si riferisce a tutte le istituzioni educative che seguono il secondo livello secondario e che richiedono una laurea. Queste includono le università di scienze applicate, le accademie professionali e le università in cui è possibile seguire programmi e corsi di laurea. Poiché il sistema educativo è generalmente migliorato negli ultimi decenni e più persone, soprattutto quelle provenienti da famiglie a basso reddito, hanno l'opportunità di frequentare buone scuole e ricevere un'istruzione, ci sono sempre più studenti. Solo nel semestre invernale 2018/19, c'erano quasi 3 milioni di studenti iscritti alle università tedesche. Ogni anno vengono stabiliti dei record in termini di iscrizioni e lo studio sta diventando sempre più la norma.

Formazione professionale

Molte persone scelgono ancora una strada diversa e iniziano una formazione professionale subito dopo aver lasciato la scuola o aver completato gli esami di maturità. Questi apprendistati sono di solito organizzati su base duale, il che significa che i tirocinanti vengono assunti in un'azienda e vi svolgono la parte pratica della formazione, mentre allo stesso tempo frequentano una scuola professionale e si dedicano alla parte teorica. Tuttavia, esistono anche programmi di formazione scolastica a tempo pieno, soprattutto nel settore sanitario. Nel 2020, in Germania c'erano 325 professioni formative riconosciute, un numero piuttosto elevato. Le più popolari includono la formazione di assistente di gestione d'ufficio, tecnico meccatronico di veicoli a motore e assistente alle vendite al dettaglio. C'è sempre una richiesta di apprendisti per mestieri specializzati come la falegnameria, ma anche per meccanici industriali, insegnanti di scuola materna e assistenti biologici-tecnici. La varietà di professioni riconosciute e promettenti in Germania è ampia e gli esperti ritengono che molte di esse diventeranno sempre più richieste e necessarie per la società.

Se non ne ha ancora abbastanza del nostro complesso sistema governativo ed educativo, può consultare queste risorse:

Schmidt, Manfred: *Il sistema politico tedesco. Istituzioni, processi decisionali e politici*

Ditfurth, Christian von: *Repubblica Federale di Germania for Dummies*

bpb.de/politica

bpb.de/educazione

fatti sulla Germania.com

bundeswahlleiter.de

bundeskanzlerin.de

Che cos'è la scienza?

Definire il termine "scienza" non è così facile, poiché esistono molte interpretazioni e diverse sfaccettature del lavoro scientifico. Fondamentalmente, la scienza si riferisce sempre alla conoscenza e all'esperienza umana. L'obiettivo della scienza è quello di preservare la conoscenza e di ottenere sistematicamente nuove intuizioni attraverso la ricerca. Nel lavoro scientifico, i risultati vengono compilati e presentati al pubblico in generale o a un pubblico specializzato.

Discipline e metodi scientifici

Esiste un gran numero di discipline scientifiche che possono essere classificate in modi diversi. Una categoria comune è quella delle scienze naturali, che comprende principalmente la biologia, la fisica, la chimica e la matematica, ma anche le scienze agrarie, l'astronomia e le geoscienze. Gli scienziati naturali si occupano dei fenomeni naturali e lavorano in modo empirico, il che significa che raccolgono risultati e ne traggono conclusioni. Analizzano, osservano e misurano i fenomeni e le condizioni naturali con l'obiettivo di identificare regolarità e modelli. L'obiettivo non è solo quello di spiegare la natura, ma anche di renderla utilizzabile per gli esseri umani. Discipline come la medicina, la tecnologia, la psicologia e la tutela dell'ambiente si basano in gran parte su teorie e scoperte scientifiche e le utilizzano continuamente per ottenere miglioramenti.

Le scienze naturali esistono fin dall'antichità, ma hanno raggiunto la loro svolta definitiva solo nel XVIII secolo, dopo che l'Illuminismo ha portato una rivoluzione scientifica e la società è diventata sempre più consapevole dei loro benefici. I metodi più importanti delle scienze naturali includono l'induzione, in cui si trae una conclusione generale sulla base dell'osservazione oggettiva di un fenomeno, e la deduzione, in cui si trae una conclusione logica da un'ipotesi. Le leggi e le teorie possono sempre essere confutate in qualsiasi momento, come la falsificazione, in quanto sono valide solo fino a quando i risultati di nuove ricerche non limitano il loro ambito di validità.

Un'altra disciplina scientifica è quella delle scienze umane, che hanno un approccio diverso rispetto alle scienze naturali. Si occupano del pensiero e del comportamento umano, nonché di varie produzioni culturali; le singole discipline comprendono la storia, la letteratura, la musica, la religione e la linguistica, nonché la storia dell'arte e la filosofia. Quindi, non sono i fenomeni naturali ad essere analizzati, ma i fenomeni e le correnti storiche, politiche, culturali, religiose e intellettuali. Come suggerisce il nome, si tratta dello spirito - cosa produce l'umanità con il suo spirito e la sua conoscenza, in che modo e, soprattutto, perché?

Anche le discipline umanistiche, in primo luogo la filosofia, esistono da migliaia di anni, ma si sono ampiamente affermate solo negli ultimi secoli. Sebbene ogni singolo campo abbia diversi oggetti di indagine, gli studiosi di scienze umane lavorano spesso su base interdisciplinare, ossia concentrandosi su discipline diverse. Uno dei metodi più importanti delle scienze umane è l'ermeneutica, che prevede l'utilizzo di analisi storico-sociali per interpretare e comprendere il significato di un oggetto culturale, come un'opera letteraria o un dipinto. A differenza delle scienze naturali esatte, in genere non si tratta di una raccolta quantitativa di conoscenze, ma di una comprensione qualitativa.

Le scienze sociali, che comprendono la psicologia, l'economia, l'educazione, l'etnologia, gli studi sulla comunicazione e la sociologia, sono collegate alle scienze umane, ma di solito vengono considerate separatamente. Le scienze sociali sono le più giovani delle tre discipline scientifiche principali e si occupano dei fenomeni di convivenza delle persone nella società.

Vengono quindi studiate le interdipendenze sociali e il comportamento individuale e di gruppo. Anche in questo caso, il lavoro è spesso interdisciplinare e i metodi utilizzati nelle scienze sociali sono principalmente empirici e altamente statistici. Ciò significa che le scienze naturali e le scienze umane sono spesso combinate negli studi, il che rende difficile distinguerle. Gli oggetti di ricerca delle scienze sociali sono persone che agiscono, il cui comportamento viene analizzato, tra l'altro, attraverso esperimenti, e allo stesso tempo si tratta di comprendere e di capire il significato (superiore) di questo comportamento. Le discipline scientifiche spesso si sostengono a vicenda e tutte hanno la loro giustificazione, in quanto il loro obiettivo finale è sempre quello di comprendere meglio e contemporaneamente migliorare le persone e il loro ambiente.

Medicina

Quasi nessuna disciplina scientifica ha arricchito la vita umana quanto la medicina. Il miracolo della medicina ci permette di trattare efficacemente anche il più piccolo raffreddore. Le persone hanno imparato a curarsi e a combattere nuove malattie per migliaia di anni. Ecco solo una piccola selezione di scoperte mediche essenziali e di pietre miliari che hanno cambiato il mondo.

Raggi X

Nel 1895, Wilhelm Conrad Röntgen scoprì i raggi X per caso, quando stava sperimentando un tubo catodico di vetro e lo coprì con del cartone. I raggi penetrarono attraverso questo e mostrarono a Röntgen le ossa delle dita della mano che stava usando per toccare l'apparecchio. Grazie al processo a raggi X, è possibile visualizzare le anomalie del corpo senza doverlo danneggiare. Tuttavia, i raggi sono anche pericolosi; senza protezione, possono danneggiare il materiale genetico e causare il cancro.

Penicillina

Sir Alexander Fleming fu il primo a scoprire, nel 1928, che la muffa Penicillium produce una sostanza che inibisce la crescita dei batteri. Da allora, la penicillina ha salvato milioni di vite combattendo malattie infettive batteriche come il colera, la scarlattina, la bronchite o le infezioni dell'orecchio medio e persino la meningite, cioè l'infiammazione delle meningi. Tuttavia, Fleming avvertì che un uso eccessivo di penicillina può rendere resistenti i batteri all'interno del corpo.

Anestesia

Per diverse migliaia di anni, le operazioni sono state eseguite solo con un debole anestetico naturale o senza

alcun anestetico. I pazienti spesso svenivano per il dolore durante un'operazione e di solito dovevano semplicemente sopportare il dolore. La situazione cambiò
nel 1846, quando il giovane dentista William Morton
eseguì la prima operazione anestetica di successo. Il paziente inalava etere di zolfo da una boccetta di vetro.
Senza l'anestesia, la maggior parte delle operazioni sarebbe oggi inimmaginabile, soprattutto quelle che
durano diverse ore.

Trapianti di organi

Il primo trapianto di organi professionale avvenne nel
1883 e fu eseguito dal chirurgo svizzero Theodor Ko-
cher. Egli trapiantò del tessuto tiroideo in un paziente
a cui era stata precedentemente asportata la tiroide
durante un'operazione. Nel corso del tempo, le tecniche di trapianto continuarono a svilupparsi, con i primi
trapianti di cuore effettuati con successo negli anni
Sessanta.

Vaccinazioni

Oggi esistono vaccinazioni contro molte malattie infettive che forniscono una protezione duratura contro di
esse. Il medico inglese Edward Jenner sviluppò il primo
vaccino contro il vaiolo nel XVIII secolo, anche se

l'agente patogeno non era ancora stato scoperto. Tuttavia, Jenner si rese conto che, una volta infettate da un virus del vaiolo, le persone erano immuni a ulteriori malattie da vaiolo grazie al loro sistema immunitario già 'allenato'. Un altro pioniere dell'immunizzazione fu Emil von Behring, che sviluppò la prima vaccinazione contro il tetano intorno al 1900 e ricevette il Premio Nobel per la Medicina per il suo lavoro.

Gruppi sanguigni

Il fatto che le persone abbiano gruppi sanguigni diversi è stato scoperto per la prima volta nel 1901 dal patologo austriaco Karl Landsteiner. Egli inventò il sistema AB0, in base al quale i gruppi sanguigni sono ancora oggi etichettati con A, B, AB e 0. Prima della sua scoperta, le trasfusioni di sangue portavano spesso a gravi complicazioni a causa dei diversi gruppi sanguigni.

Ricerca genetica

La ricerca genetica si è sviluppata rapidamente negli ultimi anni. Un esempio è la forbice genetica CRISPR, una tecnica per la quale i chimici Emmanuelle Charpentier e Jennifer A. Doudna hanno ricevuto il Premio Nobel per la Chimica. Si tratta di un processo in cui i singoli blocchi di DNA e i geni possono essere spenti o modificati aggiungendo gli enzimi della cellula stessa. Ciò potrebbe consentire agli scienziati che si occupano di allevamento di piante e animali di sviluppare varietà e razze più resistenti alle malattie, tra le altre cose. I medici sperano di poter utilizzare questo strumento biologico molecolare per riparare i difetti genetici ed eliminare così malattie come la malaria o le malattie ereditarie. Finora, tuttavia, è stato vietato intervenire sul materiale genetico degli esseri umani.

È grazie al monaco agostiniano Gregor Mendel, il fondatore della teoria dell'ereditarietà, che tali sviluppi possono verificarsi. Egli sperimentò gli incroci di piselli e formulò le regole di Mendel nel 1865, che riassumevano i principi dell'ereditarietà delle caratteristiche fisiche. Nel 1906, William Bateson introdusse il termine "genetica" per le leggi dell'ereditarietà. Negli anni successivi, la teoria dell'ereditarietà continuò a svilupparsi fino al 1953, quando i biologi molecolari James Watson e Grancis Crick decodificarono la struttura a doppia elica del DNA. Dal 2003, il genoma umano, cioè il codice del materiale genetico umano, è stato considerato completamente decifrato. In poche ore, i computer sono in grado di leggere e confrontare il materiale genetico di ogni essere umano.

Da allora, si sono aperte continuamente nuove possibilità nella ricerca genetica. Le malattie ereditarie possono essere meglio comprese e trattate, i test genetici possono indicare le predisposizioni a determinate malattie. La ricerca sul cancro, in particolare, sta beneficiando dei nuovi sviluppi. In Cina, le forbici genetiche sono già state utilizzate per trattare i pazienti affetti da cancro ai polmoni, introducendo cellule immunitarie geneticamente modificate nel loro sistema circolatorio. In futuro, è probabile che questa tecnologia migliori e diventi più rapidamente applicabile.

Anche l'ingegneria genetica verde, cioè l'ingegneria genetica delle piante, viene gradualmente rivoluzionata. Le piante coltivate vengono rese ancora più utili, cioè più robuste e più produttive, attraverso la modificazione genetica. Una volta decodificato il genotipo di una pianta, cioè la sua base genetica, è possibile dotarla di geni di un altro organismo e quindi di nuove caratteristiche. Ciò comporta l'inserimento di un costrutto genico nelle cellule vegetali e nel loro DNA, utilizzando una 'pistola genetica'. La modifica delle piante offre la possibilità di adattare più rapidamente le varietà di colture alle esigenze del mercato e, forse, di fermare le crisi di fame.

Tuttavia, il potenziale di abuso cresce anche con i nuovi sviluppi dell'ingegneria genetica, e il tema è di conseguenza polarizzato. Si teme che i ricercatori si spingano troppo in là con le loro idee e che causino più danni che benefici nel processo di sviluppo dell'ingegneria genetica. Le principali critiche mosse all'ingegneria genetica verde sono il rischio di alterare l'equilibrio ecologico, di ridurre la diversità delle piante selvatiche e di creare resistenza nelle erbe infestanti e negli insetti nocivi. Nel caso dell'ingegneria genetica rossa, ossia quella utilizzata negli esseri umani, si tratta soprattutto di problemi etici. La diagnostica genetica pone i genitori in attesa di fronte alla difficile decisione di mettere al mondo un bambino malato o meno, e molti temono anche che si possa stabilire uno standard di "umano perfetto". Un altro punto di contesa è il timore che i nuovi approcci terapeutici portino in futuro a un sistema medico a due livelli, in cui i nuovi metodi di trattamento saranno negati alle fasce più povere della popolazione. Resta da vedere quali paure e opportunità prevarranno alla fine.

Qui può trovare informazioni interessanti sulla scienza, la medicina e l'ingegneria genetica:

Rutherford, Adam: Una breve storia di tutti coloro che sono vissuti. Cosa rivelano di noi i nostri geni

Carisio, Hanno: Biohacking. Ingegneria genetica dal garage

Van de Laar, Arnold: Taglia! L'intera storia della chirurgia raccontata in 28 operazioni

Wünschiers, Röbbe: Forbici genetiche generazionali: Come affrontare la rivoluzione dell'ingegneria genetica?

bmbf.de/scienze naturali

transgen.de

planet-wissen.de/natura

planet-wissen.de/tecnologia

PARTE 9: PSICOLOGIA

La psiche umana

La psiche umana è affascinante e ancora non del tutto compresa. Ciò che ci fa scattare, ciò che temiamo, ciò che amiamo o come ci comportiamo è controllato da complessi processi cerebrali sui quali spesso abbiamo poca influenza. Grazie alla psicologia moderna, tuttavia, ci sono già molti fenomeni che possono essere spiegati scientificamente.

Subconscio

Il nostro subconscio è sorprendentemente potente e ci controlla in molti modi. Ci solleva in molte situazioni, in quanto ci permette di compiere azioni in modo automatico senza doverci pensare attivamente. Un esempio in questo contesto è la guida dell'auto, che dobbiamo prima imparare e perfezionare per un certo periodo di tempo, fino a quando possiamo finalmente farlo nel sonno e non pensare più a cosa fare durante la guida. I movimenti vengono memorizzati nella cosiddetta memoria procedurale e richiamati inconsciamente.

Il subconscio è anche strettamente legato all'intuizione, una voce nella nostra testa o una sensazione nel nostro intestino che ci dice, ad esempio, cosa preferire.

Poiché pensare coscientemente alle cose richiede molta energia, il subconscio spesso si attiva immediatamente. Possiamo controllarlo solo con difficoltà, ma attraverso gli esercizi di mindfulness possiamo imparare a riconoscere meglio la voce intuitiva. Alcune convinzioni subconsce interiorizzate cambiano anche il modo in cui percepiamo il nostro ambiente e ciò su cui ci concentriamo.

Sogni e incubi

Il subconscio è attivo anche quando dormiamo. Produce interi film nella nostra testa, che poi percepiamo come sogni. Secondo gli esperti, questo è probabilmente dovuto al fatto che il nostro cervello ha bisogno di alcuni minuti dopo il risveglio prima di essere completamente "avviato", motivo per cui la nostra memoria non è in grado di immagazzinare il contenuto dei nostri sogni a lungo termine. Tuttavia, questa capacità può essere migliorata scrivendo regolarmente i propri sogni.

Nemmeno i ricercatori del cervello sanno esattamente perché sogniamo. Ciò che è certo, tuttavia, è che il nostro cervello immagazzina nuove informazioni nel subconscio e le collega a ricordi più vecchi. Vengono elaborati anche i sentimenti e, soprattutto, le paure, che possono portare agli incubi. Da un punto di vista medico, questo è del tutto normale, ma se gli incubi diventano più frequenti e il sonno è gravemente compromesso, dovrebbe rivolgersi a un professionista e farsi aiutare. Dopo tutto, un sonno sano è estremamente importante per il benessere umano in ogni ambito della vita.

Fobie

La fobia è una forte paura di determinati oggetti o situazioni che va oltre un livello ragionevole di paura. Queste paure irrazionali possono portare la persona colpita a non essere più in grado di controllare normalmente i propri pensieri, sentimenti e comportamenti e a lasciarsi completamente dominare dalla paura. I sintomi fisici possono includere tremori, sudorazione e palpitazioni e la fobia di solito induce la persona a evitare la situazione di paura. Le fobie comprendono, ad esempio, la fobia sociale (la paura di essere rifiutati dalle altre persone), l'agorafobia (la paura di situazioni di emergenza in cui non si può scappare), l'aracnofobia (la paura dei ragni) o la claustrofobia (la paura degli spazi ristretti).

La causa scatenante di una fobia può essere di vario tipo, un'esperienza traumatica, lo stile genitoriale dei nostri genitori o persino fattori biologici. Le fobie possono variare in gravità e spesso vengono trattate con la terapia del confronto, in cui le persone colpite devono affrontare la loro paura irrazionale con un terapeuta e mettersi in una situazione spiacevole per superare la fobia.

Come funzionano l'apprendimento e la memoria?

Le persone imparano una serie di cose ogni giorno, su se stesse e sul loro ambiente. Le informazioni vengono immagazzinate nelle proprietà di rete dei circuiti neuronali, in modo che la struttura e la funzione delle sinapsi, ossia i ponti di collegamento tra i neuroni, cambino. Le cellule nervose formano una rete di dati e sono in costante dialogo tra loro. Più spesso le informazioni vengono assorbite, cioè più spesso impariamo e ripetiamo ciò che abbiamo imparato, più forti diventano le connessioni sinaptiche nel cervello. Le connessioni si rafforzano anche quando le nuove informazioni sono collegate a conoscenze o eventi già noti. Se colleghiamo le conoscenze con determinate sensazioni, esperienze, osservazioni e percezioni, è più facile per il cervello accedere alle conoscenze in un momento successivo.

E come funziona la nostra memoria? Ciò che percepiamo entra sempre per primo nella nostra memoria sensoriale. Poiché percepiamo la maggior parte delle informazioni in modo inconsapevole, cancelliamo automaticamente gran parte di esse e le dimentichiamo. Ecco perché non è possibile memorizzare ogni singolo volto in una zona pedonale. Se uno dei passanti le piace, l'informazione non viene dimenticata e viene immagazzinata nella sua memoria a breve termine. Qui le informazioni vengono memorizzate solo per pochi secondi e di nuovo una parte di esse viene valutata come non importante e smistata. Ciò che rimane viene trasferito alla memoria di lavoro, dove viene preparato per l'archiviazione nella memoria a lungo termine. Le informazioni rimanenti possono essere associate a sensazioni e vengono memorizzate nella mente per alcuni minuti o addirittura mesi. Questo sarebbe il caso se si fosse innamorato della persona nella zona pedonale. Come già detto, le informazioni vengono conservate nella memoria a lungo termine attraverso la ripetizione e la pratica. Una quantità infinita di materiale può essere immagazzinata in questa parte del cervello per tutta la vita.

Quindi, se pensa spesso alla persona che ha visto o addirittura interagisce con lei, c'è un'alta probabilità che non la dimentichi più. Potrebbe non essere in grado di ricordare bene il suo volto dopo un certo periodo di separazione, poiché la nostra memoria valuta e dimentica automaticamente le informazioni di cui non ha più bisogno. Ma almeno potrà sempre ricordare la sua esistenza.

Manipolazione psicologica e trucchi

Chiunque abbia un minimo di conoscenza della psiche umana scoprirà facilmente come veniamo manipolati quotidianamente o addirittura manipolati inconsciamente. Ecco solo una piccola selezione di fenomeni psicologici che riguardano quasi tutti noi.

Effetto alone

L'effetto alone, derivato dalla parola "halo" per aureola, è una distorsione cognitiva in cui le persone sono influenzate e ingannate dalle prime impressioni. Una singola caratteristica di una persona appare così dominante che le altre caratteristiche passano in secondo piano. La caratteristica dominante viene poi utilizzata per trarre conclusioni su altre caratteristiche della persona e questa impressione persiste, anche se è molto illogica da un punto di vista oggettivo.

L'avversione alle perdite

L'avversione alle perdite ci spinge a privilegiare inconsciamente le perdite rispetto ai guadagni. Un esempio semplice: qualcuno propone un gioco con le monete in cui si vincono 10 euro se esce testa e si devono pagare 10 euro se esce croce. Accetta l'offerta? La maggior parte delle persone non accetterebbe perché è più preoccupata della perdita potenziale che della vincita potenziale, anche se le probabilità sono di 50/50. Spesso reagiamo in modo irrazionale nelle situazioni decisionali.

Principio di reciprocità

Il principio di reciprocità o legge della reciprocità descrive che sentiamo un forte bisogno di equilibrio nell'interazione sociale. Non vogliamo né essere approfittati né essere noi ad approfittare di qualcun altro. Questo trucco è spesso utilizzato in particolare nelle vendite; se le viene offerto un campione gratuito in pasticceria, è inconsciamente più propenso ad acquistare di più.

Effetto ancora

L'effetto ancoraggio è il fenomeno per cui le persone utilizzano arbitrariamente determinate informazioni come punto di riferimento interno, anche se non c'è una ragione logica per farlo. Questa informazione è poi decisiva quando si valuta una situazione o si prende una decisione. Un altro esempio: se un pretzel nella panetteria locale costa 70 centesimi, considererà costoso un pretzel che costa 90 centesimi e conveniente uno che costa 50 centesimi. Tuttavia, se il suo pretzel "normale" costa 50 centesimi, anche un pretzel da 70 centesimi le sembrerà costoso. Questo perché il prezzo del pretzel più economico è la sua "ancora" subconscia.

Malattie mentali

Per molto tempo, le malattie mentali non sono state riconosciute per quello che erano e sono tuttora: malattie che talvolta richiedono un trattamento medico e che possono persino portare alla morte se non trattate. Grazie al lavoro educativo (scientifico), da decenni le malattie mentali vengono fortunatamente prese sempre più sul serio e accettate, ma chi ne è affetto deve ancora spesso fare i conti con lo stigma e la mancanza di comprensione. Ammettere a se stessi e poi dire a chi ci circonda che c'è qualcosa che non va può quindi essere difficile. Questo è particolarmente il caso di malattie come la depressione, i disturbi d'ansia o il burnout. Le persone colpite sembrano spesso depresse e poco motivate a fare le cose di tutti i giorni, motivo per cui vengono accusate di "darsi solo delle arie". Tuttavia, le statistiche dimostrano che la depressione, in particolare, è una malattia davvero diffusa; circa 16-20 persone su 100 soffriranno di depressione almeno una volta nella vita.

Spesso è infido che alcune persone nascondano i loro problemi di salute mentale dietro una maschera di produttività e vigore. Messi sotto pressione dalla meritocrazia e da loro stessi, cercano con tutte le loro forze di trattare i sintomi da soli, a volte con farmaci o altre abitudini malsane. L'aiuto è importante in questo caso, perché a un certo punto tutte le persone colpite raggiungono un punto in cui non possono più mantenere una facciata di salute.

Oltre alle malattie mentali relativamente comuni, come la depressione o i disturbi d'ansia e di panico, che in molti casi possono essere aiutati rapidamente con farmaci leggeri e una terapia di supporto, ci sono anche malattie che sono generalmente più difficili da curare. Tra queste c'è la schizofrenia, per esempio, in cui le persone colpite soffrono di una perdita di realtà, deliri e disturbi del pensiero. A volte percepiscono in modo errato l'ambiente circostante e interpretano in modo errato le azioni, causando un comportamento apparentemente irrazionale. Come per quasi tutte le malattie mentali, la predisposizione genetica, i fattori familiari e sociali e gli eventi di vita stressanti possono giocare un ruolo, e trovare la causa è spesso difficile. La schizofrenia non può essere sempre curata, ma il decorso della malattia può essere influenzato positivamente da varie forme di terapia e farmaci.

Lo stesso vale per il disturbo bipolare, in cui chi ne soffre ha gravi sbalzi d'umore e alterna fasi depressive a fasi euforiche, e per le malattie mentali che influenzano fortemente il proprio corpo. Queste includono i disturbi alimentari come la bulimia o le abbuffate, in cui chi ne soffre ha un rapporto malsano con il cibo a causa di disturbi mentali. Soprattutto ora che il cibo che crea dipendenza è disponibile ovunque nei Paesi occidentali e, allo stesso tempo, aumenta l'entusiasmo per il fitness, il numero di persone con disturbi alimentari è in aumento. Fortunatamente, sta aumentando anche il numero di strutture per pazienti con gravi disturbi mentali e di punti di contatto per problemi di salute mentale di ogni tipo. Molte università, scuole e luoghi di lavoro offrono questi ultimi, soprattutto per aiutare le persone colpite che, per vari motivi, non si sentono in grado di chiedere aiuto alle persone del loro ambiente immediato.

Psicoterapia

Il compito della psicoterapia è quello di aiutare le persone con malattie mentali e, nel migliore dei casi, di guarirle. Inoltre, le procedure terapeutiche aiutano ad alleviare i disturbi fisici che sono influenzati dalla psiche. L'elemento di base della terapia è sempre il dialogo tra il paziente e il suo terapeuta, un esperto che conosce la malattia mentale e i suoi sintomi. Pazienti e terapeuti instaurano un rapporto di fiducia che aiuta a riconoscere la causa della malattia e ad avviarne l'alleviamento. Spesso lavorano con psichiatri che, a differenza degli psicologi, sono medici e sono in grado di trattare i disturbi mentali con farmaci e quindi di sostenere la terapia. Esistono diverse forme e tipi di psicoterapia.

Psicoterapia ospedaliera e ambulatoriale

Durante la psicoterapia in regime di ricovero, le persone colpite sono assistite giorno e notte e la terapia è estremamente intensiva. Il ricovero può durare poche settimane o diversi mesi, o addirittura anni in alcuni casi. Tuttavia, c'è il rischio che i pazienti ricadano nei vecchi schemi non appena lasciano il centro, poiché la vita quotidiana è di nuovo troppo per loro. Per questo motivo, vengono preparati alla vita fuori dal centro e alle possibili ricadute durante la permanenza in reparto.

Sebbene la terapia ambulatoriale non sia così intensiva, è pratica, in quanto il paziente può applicare ciò che ha imparato direttamente nella vita di tutti i giorni e non deve frequentare il ricovero. Oggi esistono anche cliniche diurne dove si svolge la psicoterapia diurna. I pazienti frequentano la clinica durante il giorno e tornano a casa la sera.

Terapia di gruppo

La terapia di gruppo può svolgersi sia in regime di ricovero che ambulatoriale. Riconoscere che altre persone hanno gli stessi o simili problemi di salute mentale e condividere le proprie esperienze è utile per molti malati, soprattutto dopo esperienze traumatiche o in caso di dipendenza. Contrariamente ai cliché persistenti, non si tratta solo di sfogare le proprie preoccupazioni, ma anche di acquisire conoscenze su se stessi e di praticare l'interazione interpersonale. Tuttavia, non tutti si sentono completamente a proprio agio nel parlare dei propri problemi davanti agli altri.

Psicoanalisi

La maggior parte delle persone probabilmente pensa alla psicoterapia come a un comodo divano, alla cartellina del terapeuta e a una profonda conversazione sull'infanzia. Questa immagine corrisponde all'idea della psicoanalisi, un metodo di psicologia del profondo in cui vengono esaminati i conflitti (repressi) dell'infanzia. Il metodo risale al noto psicologo e medico Sigmund Freud, che fu il primo a cercare di risolvere i problemi psicologici esaminando e aprendo il subconscio.

Terapia comportamentale

L'approccio comportamentale ha un approccio diverso. Presuppone che i comportamenti malsani siano appresi e che quindi possano essere "disimparati". Naturalmente, non è così facile come sembra. Con l'aiuto e la guida del terapeuta, i pazienti cercano di consolidare nuovi modelli di pensiero e di comportamento, ad esempio adottando essi stessi determinate routine e regole, che vengono sempre seguite quando sta per verificarsi un episodio mentale negativo. Questo addestramento alla risoluzione dei problemi richiede una grande cooperazione, ma è particolarmente efficace nel caso di malattie mentali che non possono essere completamente curate, in quanto i pazienti imparano a vivere in modo sano nonostante la loro malattia.

Cura pastorale

Non è necessario avere una malattia mentale diagnosticata per richiedere una consulenza: tutti hanno momenti in cui sono in dubbio, depressi e non sanno cosa fare. In Germania, esiste un servizio di consulenza telefonica fin dagli anni '50, dove chiunque può chiamare per avere una consulenza gratuita e anonima. Esistono anche molti servizi di consulenza online che possono essere utilizzati 24 ore su 24.

Scopra ancora di più sulle meraviglie della nostra psiche con l'aiuto di queste fonti:

Collin, Caterina: *Il libro di psicologia*

Fromm, Erich: *Comprendere l'essere umano. Psicoanalisi ed etica*

ministerodellasalute.org

netdoktor.de

planet-wissen.de/psicologia

gedankenwelt.de

Africa

Con una superficie di oltre 30 milioni di chilometri quadrati, l'Africa è il secondo continente più grande del mondo e ospita 55 Paesi. Oltre al deserto più grande del mondo, il Sahara, l'Africa è attraversata dal Nilo, il fiume più lungo del mondo. Dal punto di vista economico e politico, il continente è molto diviso: accanto a Paesi prosperi con ricche metropoli come il Sudafrica, ci sono molti Paesi poveri, soprattutto nell'Africa centrale. Ci sono anche drastiche differenze in termini di forma di governo. Si va dalla democrazia pacifica alla dittatura sanguinaria. Tuttavia, c'è qualcosa di speciale da scoprire in ogni Paese e la diversità culturale dei popoli africani difficilmente può essere eguagliata da qualsiasi altro continente.

Chi visita l'Africa è solitamente interessato soprattutto ai numerosi parchi nazionali e alla loro flora e fauna uniche. Il più popolare di questi è probabilmente il Parco Nazionale Kruger, nel nord-est del Sudafrica, che si può attraversare in auto e godere del bellissimo paesaggio. Tuttavia, è poi vietato scendere dall'auto o sporgersi, perché oltre alle pacifiche zebre e giraffe, ci sono anche alcuni predatori come iene e leoni, nonché grandi elefanti, ippopotami e gnu che possono essere pericolosi. Ma anche dall'auto, i turisti si trovano in mezzo alla natura selvaggia e sperimentano la natura africana da vicino. Se questo non bastasse, può prenotare una passeggiata nel bush o un safari notturno con guide esperte del parco.

I Paesi più popolari in Africa includono l'Egitto e la Tunisia sul Mediterraneo, la Costa d'Avorio e il Ghana sulla costa atlantica, la Tanzania e il Madagascar nell'Africa orientale e il Sudafrica e lo Zimbabwe sulla punta meridionale del continente.

Antartide

L'Antartide è il continente meno esplorato e più disabitato della Terra. Qui ci sono numerose stazioni di ricerca scientifica, come la tedesca Neumayer Station III o la britannica Rothera, ma per il resto l'Antartide è terra incognita, terra sconosciuta. Non ci sono luoghi abitati in modo permanente e un viaggio al Polo Sud e nei suoi dintorni è destinato principalmente alle spedizioni scientifiche. La regione ghiacciata è una delle risorse più preziose al mondo, in quanto quasi il 70% dell'acqua potabile mondiale si trova in questo continente. Per questo motivo, l'utilizzo e lo sfruttamento militare delle risorse antartiche sono severamente vietati. Ciò che rende l'Antartide così interessante per la ricerca è il suo clima rigido e l'isolamento, che non ha eguali in quasi nessun altro luogo al mondo.

Ci sono anche altri fenomeni naturali sul continente, come un'enorme catena montuosa che divide l'Antartide in una regione orientale e occidentale, due vulcani attivi e meteoriti caduti. Anche il sole di mezzanotte è molto suggestivo. A sud del Circolo Polare Artico, c'è un periodo di diversi mesi durante il quale il sole non tramonta mai e la luce è permanente. L'Antartide è un luogo affascinante sotto tutti i punti di vista e dagli anni '60 i turisti possono visitarlo occasionalmente in nave o in aereo.

Asia

Con una massa terrestre di oltre 44 milioni di chilometri quadrati, l'Asia è il continente più grande del mondo e, con una popolazione di quattro miliardi di persone, è anche il continente più popoloso. Il Vicino Oriente, costituito dalle regioni dell'Asia Minore, del Medio Oriente e del Caucaso meridionale, confina a ovest con il Mar Mediterraneo e il Mar Rosso, a nord con le montagne del Caucaso e il Mar Nero, a est con le colline iraniane e a sud con l'Oceano Indiano. Nel Vicino Oriente, l'Armenia sta diventando una destinazione turistica sempre più popolare, grazie ai suoi numerosi monasteri secolari ad altezze mozzafiato e alla città di Yerevan, una delle città più antiche del mondo. Altrettanto storica e affascinante è la Georgia, con le sue numerose regioni escursionistiche e alpinistiche e la tradizionale viticoltura.

L'Asia Centrale comprende le regioni di Kazakistan, Kirghizistan, Uzbekistan, Tagikistan e Turkmenistan, tutte ancora relativamente poco sviluppate per il turismo. Tuttavia, tutti i Paesi hanno molto da offrire, soprattutto grazie alla leggendaria Via della Seta che li collega e che è stata utilizzata per secoli per scambiare non solo beni commerciali, ma anche religioni e costumi. Il paesaggio dell'Asia Centrale è un mix colorato di montagne, steppe, laghi, deserti e oasi, con queste ultime spesso nascoste, mentre ci sono anche molte città moderne, soprattutto in Kazakistan.

La maggior parte delle persone probabilmente associa l'Asia ai Paesi dell'Asia orientale come Giappone, Cina, Corea del Nord e del Sud o Taiwan. Con l'eccezione dell'isolata Corea del Nord, questi Paesi sono destinazioni turistiche popolari, perché oltre alla cultura ricca e antica, alle steppe e alle montagne solitarie, ci sono anche metropoli ultramoderne come Shanghai, Seoul o Tokyo, che scoppiano di luci al neon e grattacieli. I visitatori europei possono orientarsi facilmente nelle grandi città, ma nelle zone rurali possono esserci problemi di comunicazione, in quanto pochi asiatici parlano inglese e non tutta la segnaletica è in latino.

Ancora più popolari sono i Paesi del Sud Est Asiatico, come Indonesia, Cambogia, Laos, Filippine, Vietnam, Tailandia, Singapore e Malesia, che sono perfetti per gli appassionati di immersioni e di vacanze al mare, grazie alla loro posizione su due oceani. Il sud-est asiatico ha un clima ideale tutto l'anno e il turismo nel subcontinente è orientato al relax e al lusso tropicale. Ci sono anche molti siti culturali, come Luang Pranbang in Laos o Sukhothai nel nord della Thailandia, i cui templi e parchi archeologici testimoniano antiche civiltà.

Infine, l'Asia Meridionale è adatta anche ai viaggiatori che fanno pacchetti, individuali e culturali. In particolare, l'India, il Regno del Bhutan, il Bangladesh, le Maldive, lo Sri Lanka e il Nepal offrono una grande diversità culturale e paesaggistica. Attrazioni come il Taj Mahal ad Agra, in India, o l'antica fortezza rocciosa di Sigiriya nello Sri Lanka sono vere e proprie calamite turistiche, ma anche destinazioni meno conosciute come il Buddha Win Sein Taw Ya in Myanmar, il Buddha reclinato più grande del mondo, o il Parco

Nazionale di Khao Sok in Thailandia meritano una visita. L'Asia è giustamente considerata uno dei continenti più turistici e diversificati del mondo.

Australia

Il continente "Down Under" dell'Australia si trova nell'emisfero meridionale della Terra e, oltre all'Australia e all'Oceania, comprende anche l'isola di Tasmania e una serie di altre isole più piccole nel Pacifico. Ciò che rende l'Australia così speciale è la diversità di fenomeni naturali, zone climatiche, paesaggi, fauna e flora. All'interno dei sei Stati federali (Australia Occidentale, Territorio del Nord, Australia Meridionale, Queensland, Nuovo Galles del Sud, Victoria) e dei due territori (Tasmania e Territorio della Capitale) ci sono deserti, coste soleggiate, foreste pluviali e montagne.

Oltre alle grandi metropoli di Sydney, Perth, Melbourne e la capitale australiana Canberra, la Grande Barriera Corallina è una destinazione di viaggio popolare e unica. La barriera corallina, lunga 2.500 chilometri, si trova all'estremità settentrionale del Queensland ed è Patrimonio dell'Umanità dell'UNESCO dal 1981. Lo snorkeling, le escursioni in barca e l'osservazione delle balene nella Grande Barriera Corallina fanno parte del variegato mondo sottomarino australiano. Tuttavia, la barriera corallina soffre da anni del riscaldamento globale e dell'inquinamento, motivo per cui i visitatori dovrebbero fare attenzione a non contribuire alla distruzione del fragile ambiente naturale.

A parte questo, l'Australia ha oltre 500 parchi nazionali da offrire, con circa il 12% della superficie totale protetta. Particolarmente belli sono il Broadwater National Park con le sue antiche dune di sabbia e la pietra arenaria marrone "Coffee Rock", il Washpool National Park, sempre nel Nuovo Galles del Sud, con la sua impressionante foresta pluviale e il Nambung National Park a nord di Perth, che colpisce con oltre 7.000 tipi di fiori diversi e pilastri di calcare alti fino a 4 metri.

In generale, l'Australia è una destinazione molto sicura che può offrire comfort e avventura allo stesso tempo ed è culturalmente molto attraente. Tuttavia, esistono alcune aree protette per le popolazioni indigene che non devono essere disturbate, così come animali velenosi e pericolosi come serpenti, ragni, meduse, coccodrilli e scorpioni, che si possono trovare quasi ovunque nel continente. Non bisogna inoltre sottovalutare il fatto che le stagioni nell'emisfero meridionale vanno esattamente nella direzione opposta rispetto a quelle europee e che in primavera si verificano oscillazioni di temperatura particolarmente forti.

Europa

I confini geografici dell'Europa non possono essere rigorosamente definiti a est e a sud-est, ma con circa 10 milioni di chilometri quadrati, il continente rimane il secondo più piccolo al mondo dopo l'Australia. L'Europa è considerata la culla della cultura e da secoli è una delle destinazioni preferite da chi vuole conoscere molte culture e tradizioni diverse in un'area relativamente piccola. Nell'Europa occidentale, le destinazioni più popolari sono la Francia, nota per le sue specialità culinarie, il vino, l'arte e la moda, la Gran Bretagna e l'Irlanda con le loro città ultramoderne e le distese verdi, e i Paesi Bassi, che attraggono in particolare gli appassionati di sport acquatici e i ciclisti. Ma anche il piccolo Lussemburgo, con la sua valle di sette castelli e diverse città storiche, merita una visita.

Nell'Europa centrale, oltre ai Paesi di lingua tedesca (Germania, Svizzera, Austria e Liechtenstein), anche Polonia, Slovenia e Slovacchia sono adatte a vacanze culturali o sportive. Anche l'Ungheria sta diventando sempre più popolare, soprattutto la sua capitale Budapest, che nonostante la sua architettura antica emana un fascino cosmopolita e attira molti festaioli. I

Paesi del Nord Europa, Svezia, Danimarca, Norvegia, Islanda e Finlandia, attirano ogni anno molti amanti della natura. Non c'è da stupirsi, perché laghi appartati, panorami montani, foreste infinite, fiumi selvaggi, ghiacciai e vaste steppe si trovano quasi ovunque nel Nord Europa.

Il paesaggio dell'Europa orientale è altrettanto pittoresco, soprattutto in Bielorussia, Russia e Ucraina. Oltre a magneti turistici come Mosca e San Pietroburgo, questa parte dell'Europa ospita anche molti piccoli villaggi e città circondati da una natura meravigliosa che sembrano essere stati appena scoperti.

Ce ne sono anche nell'Europa meridionale, ma il numero di turisti qui è superiore a quello di quasi tutte le altre regioni d'Europa. Per decenni, Italia, Malta, San Marino, Monaco, Portogallo e Spagna sono stati il primo porto di scalo per i vacanzieri che apprezzano il sole, le belle spiagge e i buoni ristoranti. L'Italia in particolare è sempre molto popolare, non solo per i suoi chilometri di festa e le sue grandi spiagge, ma anche per le sue numerose gallerie ed edifici storici. Lo stesso vale per alcuni Paesi dell'Europa sud-orientale, come Grecia, Croazia, Romania, Bulgaria e Cipro. Anche la Bosnia-Erzegovina e il Montenegro fanno parte dell'Europa sud-orientale - Paesi che ospitano bellissime città storiche come Jacje o Trebinje, oltre a spiagge pulite. Non troppo lontano dalla Germania, c'è una destinazione per tutti in tutto il continente europeo.

Nord America

Con una superficie di quasi 25 milioni di chilometri quadrati, il Nord America è il terzo continente più grande del mondo e comprende Canada, Stati Uniti, Messico, America Centrale, Groenlandia e diverse isole caraibiche. Molti visitatori del Nord America optano per viaggi di andata e ritorno che consentono loro di vivere in egual misura le grandi città e la natura selvaggia.

Le città più eccitanti del Nord America includono megalopoli come New York, Miami, Los Angeles, Las Vegas, Città del Messico, San Francisco e Toronto, note per i loro quartieri alla moda, le gallerie e il gran numero di celebrità. Nello Stato del sole della Florida o della California, troverà anche spiagge rilassanti e una varietà di bar alla moda.

Chi non è in vena di viaggi in città può godersi la natura del Nord America. Gli Stati Uniti e il Canada, in particolare, ospitano alcuni dei parchi nazionali più antichi e più grandi. Le destinazioni principali sono i

Parchi Nazionali di Yosemite e Grand Canyon negli Stati Uniti occidentali, caratterizzati da antiche sequoie giganti, montagne di granito, rapide di acqua bianca e lunghe gole e una natura selvaggia e incontaminata. In Canada, i Parchi Nazionali di Banff e Jasper sono molto popolari, con foreste profonde e fiumi turchesi per avventure e splendide fotografie. Altri importanti spettacoli naturali sono le Cascate del Niagara, tra il Lago Ontario e il Lago Erie, vicino a Toronto, e le Montagne Rocciose, con le loro cime innevate e le fitte foreste.

Alla fine dell'autunno, può valere la pena fare un viaggio sulla costa orientale, dove lo spettacolo dell'estate indiana è particolarmente intenso. Durante l'estate indiana, in Nord America fa molto caldo, il cielo è di un blu brillante e le foglie delle foreste decidue e miste assumono un intenso colore rosso e arancione. Quindi non vale solo la pena di visitare le zone calde del Nord America che vengono spesso mostrate nei film e in televisione, ma anche di vivere una piccola avventura nella natura selvaggia.

Sud America
La massa terrestre meridionale del doppio continente americano ha una superficie di oltre 17 milioni di chilometri quadrati e attira i visitatori con grandi città e paesaggi pittoreschi in egual misura. Probabilmente la

destinazione più popolare del Sud America è il Brasile. Copacabana, la foresta amazzonica e il coloratissimo Carnevale di Rio attirano ogni anno milioni di turisti nel Paese e nei suoi dintorni. Rio, Brasiliana e Salvador, in particolare, sono considerate attrazioni turistiche grazie ai loro bellissimi quartieri storici e all'influenza della cultura afro-brasiliana, mentre la vita notturna e la vibrante scena delle feste sono un'altra tentazione per molti.

Anche le Ande settentrionali e centrali, una delle catene montuose più lunghe del mondo, meritano una visita. Il paesaggio delle Ande è incredibilmente vario, con vaste pianure, foreste profonde e laghi, ma anche deserti e vulcani. Anche i resti delle antiche civiltà sono impressionanti, soprattutto in Perù. I siti archeo-logici, soprattutto il luogo sacro degli Inca a Machu Pucchu, sono ancora oggi ben conservati e visitarli è, nella migliore delle ipotesi, la ricompensa per una lunga escursione lungo sentieri millenari.

La città più popolare in Sud America dopo Rio de Janeiro è la capitale dell'Argentina, Buenos Aires. Questa metropoli ultramoderna ospita edifici impo-nenti, hotel di lusso, quartieri alla moda e una società internazionale in cui si scontrano molte culture. Molti stilisti e registi si ispirano alla vena creativa della città e all'atmosfera rilassata di Buenos Aires, e anche gli amanti dello shopping hanno il loro tornaconto. Poiché la città è stata a lungo il primo approdo degli immigrati europei, alcuni quartieri sono caratterizzati dalla cultura europea. Si dice che molti residenti siano alla costante ricerca della propria identità nelle regioni limitrofe. Ciò è confermato dal fatto che ci sono più psicoterapeuti a Buenos Aires che in qualsiasi altra città del mondo. Anche gli innumerevoli caffè che si trovano ad ogni angolo sono terapeutici per molti. Se è alla ricerca di città creative e/o di paesaggi variegati e storici, è in buone mani quasi ovunque in Sud America.

Le è venuta la voglia di viaggiare? Scopra di più sulla diversità del nostro pianeta con queste risorse:
Luiser, Fabienne & Benoit: *Destinazione Tour Mondiale*
wikivoyage.org
planet-wissen.de/buenosaires
urlaubstracker.deurlaubspiraten.de
travelblogonline.com
geo.com/viaggio

Parole conclusive

Con le conoscenze generali che ha acquisito attraverso questa guida, ha già un bagaglio di conoscenze in diversi settori. Ma si ricordi che le conoscenze non sono mai troppe. Speriamo che questo libro non solo l'abbia aiutata ad approfondire la sua formazione, ma l'abbia anche motivata a scoprire di più sui singoli argomenti e a fare le sue ricerche. Come detto all'inizio: la conoscenza acquisita porta sempre a una conoscenza ancora maggiore.

Scambiate fatti interessanti con gli altri e approfondite le vostre conoscenze attraverso discussioni stimolanti. Sta a lei applicare le sue conoscenze generali e utilizzarle in contesti diversi.

Soluzioni

Qui può trovare le soluzioni al test di conoscenza generale.

1. Berlino

2. 1990

3. Johann Wolfgang von Goethe

4. La pelle

5. 16

6. 7

7. 1969

8. Mammiferi

9. Leonardo da Vinci

10. Charles Darwin

11. Oslo

12. Economia sociale di mercato

13. Ghepardo

14. 1999 come denaro contabile, 2002 come contanti

15. Due

16. Sputnik 1

17. Cinque anelli collegati tra loro

18. Dal 1914 al 1918

19. Johannes Gutenberg

20. Londra

21. 1492

22. Blu

23. Canberra

24. 4 volte - 1954, 1974, 1990, 2014

25. Ludwig Erhard

26. Giugno 2007

27. Ernest Hemingway

28. 206

29. Sismografo

30. George Lucas

31. Baku

32. Georges Bizet

33. 8

34. Sean Connery

35. Carbonio

36. Idrogeno

37. 4.809 m

38. 88

39. Rosso

40. George Orwell

41. Lillehammer, Norvegia

42. 23

43. 21.196 km

44. Willy Brandt

45. Federico II, Re di Prussia

46. 90 minuti

47. 4.180 km

48. 29

49. 11

50. ISIN

www.ingramcontent.com/pod-product-compliance
Lightning Source LLC
Chambersburg PA
CBHW061426150726
47987CB00001B/110